問題篇
3
為什麼「出身」無法決定人生？
～「照亮未來的燈塔」～ P103
U0165407
解答篇
1
決定才能的三個法則
～「比較優勢之村落」～ P141

從疑問
尋找答案

逆向索

【關於才能】

「喜歡的事」
就是才能嗎？

>>> P26

「堅持喜好」
一定是
好事嗎？

>>> P29

才能會
自然而然展現
出來嗎？

>>> P32

「擅長的事」
就是才能嗎？

>>> P37

堅持做
「擅長的事」
是好事嗎？

>>> P41

「缺點」真的
毫無用處嗎？

>>> P47

【關於

想要成功，
智商一定要高
嗎？

>>> P62

想要成功，一
定要有自信和
正向思考嗎？

>>> P70,P74

才能可以靠練
習來獲得嗎？

>>> P85

引目錄

問題篇
2
「成功不可或缺的能力」並不存在，為什麼？
～「人生成功的森林」～ P61
問題篇
1
為什麼不能從「喜歡」和「擅長」的事情中尋找才能？
～「喜歡與擅長的沙漠」～ P25
解答篇
2
決定戰鬥方式
～「戰術的草原」～ P175
解答篇
3
學習純熟使用特殊能力
～「特殊能力戰鬥之競技場」～ P215

才能法則❶

人生就是一場「特殊能力戰鬥」

才能法則❷

所謂才能，就是團體內的「比較優勢」獲得肯定的狀態

才能法則❸

在規則越模糊的世界，越容易打贏「特殊能力戰鬥」

接下來即將展開的，是一則貓與人類的奇幻故事。

主角是比大家活得稍久一點（？）的貓師父，以及對人生感到困惑的弟子。

這對活寶針對「才能」交換了意見。

「才能是什麼？」「我也有才能嗎？」

「該如何找出才能呢？」

大家也曾思考過這些問題吧。

本書要送給：

撞上社會高牆的人、

正在求職的人、

擔心孩子未來的家長、

不想放棄人生的人。

這兩位活寶輕鬆俐落地解答了我們心中的疑惑、幫了大忙，

雖然有時滿糊塗的。

我們一起來瞧瞧他們的世界吧！

【登場人物及貓】

貓師父

上知天文，下知地理的貓。
120歲。

弟子

20多歲的上班族。
每月的可支配所得是
21萬日圓（約新台幣4.4萬元）。

前言

人生就是一場「特殊能力戰鬥」

弟　子：師父！我想要擁有才能！

貓師父：怎麼突然這麼說？

弟　子：我每天只是平凡地過日子，年薪不高，也沒有稱得上優點和特殊技能的特長。和擁有才能的人相比，真是無聊又無趣……。

貓師父：雖然不知道怎麼回事，但總之你很沮喪吧。

弟　子：是的。因此想請教您，沒有才能的人是否也有能夠生存下來的方法？

貓師父：**要說才能的話，你也有喔。任何人都具備天賦才能。**

弟　子：咦？您怎麼又這麼說。不是在安慰我吧？

貓師父：哎呀，你說得其實也沒錯。世界上根本沒有才能這種東西。

弟　子：請不要和我開玩笑了！

貓師父：我不是在開玩笑。才能這東西，要說存在也行，要說根本不存在也沒錯。

弟　子：我都糊塗了。

貓師父：在解釋之前，先把定義說清楚吧。所謂「有才能」，到底是什麼意思呢？

弟　子：嗯……應該是「生來就具有的優秀能力，而且因此得到所有人的認同」吧。

貓師父：那麼，就用這個定義繼續探討下去。也就是說，**「才能」不單純是自我感覺良好，而是受到周遭人肯定的良好表現，這就是擁有才能，對嗎？**

弟　子：沒錯。只讓自己感到滿意的，很難說是才能。

貓師父：話說回來，為什麼你想要擁有才能呢？

弟　子：因為，發揮自己的潛能，獲得周遭認可，人生才有趣不是嗎？

貓師父：確實，這樣想也沒有錯。雖然沒有人研究過，具備才能與否能帶給人好處，但是「獲得周遭認可」的益處已經被多次證實。例如，加州大學柏克萊分校做過一項研究，研究人員集合一群ＭＢＡ學生，調查他們受身邊朋友尊敬的程度。**結果，受到朋友及公司同事尊敬的人，幸福程度比年收入**

多於同儕的人更高（※1）**。**此外，以三千九百七十四人為對象的研究結果也顯示，受所在地區居民或社群尊敬的人，在生活中獲得的幸福感更勝於高收入的人（※2）。

弟　子：哇，原來比起有錢，獲得周遭人的尊敬更重要啊。

貓師父：更進一步說，**能力獲得周遭認可的人，往往壽命也更長。**舉例來說，有人研究奧斯卡獎的得獎紀錄發現，不論哪個獎項的得獎演員，平均壽命比從沒拿過獎的演員高了三・六年（※3）。

※1：加州大學柏克萊分校卡麥隆・安德森（Cameron Anderson）教授的研究（1）指出，相較於高薪收入，獲得周遭尊敬更為重要，研究團隊解釋說：「金錢買不到幸福的原因之一，是人類會馬上習慣新的收入以及財富水平；反之，社會地位的影響即使隨著時間推移也不易減弱。」

※2：埃默里大學等團隊根據瓜地馬拉、菲律賓、南非共和國這三個中低收入國家的出生世代資料，研究了在社群內受尊敬的程度與個人主觀的幸福感受的相關性（2）。各國資料都顯示，社群內的尊敬程度與較強烈的幸福感正相關。

※3：來自多倫多大學等團隊的研究，調查奧斯卡金像獎歷史紀錄，比較一千六百四十九名得獎演員與其他演員的壽命長短（3）。

許多其他研究也得到類似結果，諾貝爾獎得獎者的平均壽命高於未得獎者一・六年，芥川獎得獎者平均壽命甚至高於未得獎者六・四年之多（※4）。雖有許多可能的原因，但最可能是因為獲得周遭肯定而感到幸福，進而提升健康狀態吧。

弟　子：獲得幸福感同時還能長命百歲，真是好處多多啊！我也希望能找到自己的才能，獲得周遭肯定！

貓師父：那還不簡單。想要找到才能，就不要去思考「自己究竟有沒有才能」這種沒意義的問題，只要記住一個真理就好。

弟　子：咦？什麼真理……？

貓師父：講白了，就是一句話。

◎人生就是一場「特殊能力戰鬥」

只要能理解這點，就不用煩惱才能的事。

弟　子：這是什麼意思？「特殊能力戰鬥」應該是漫畫或小說裡才會出現的吧？像是擁有特殊力量的角色互相戰鬥那樣。

貓師父：沒錯。最有名的作品是《JoJo的奇妙冒險》（ジョジョの奇妙な冒険）第三部，但最早創作出眾多能力者互相戰鬥的故事，為這個主題打下根基的，應該是在一九六〇年代掀起熱潮的《忍法帖系列》，由山田風太郎創作。

弟　子：我要問的不是特殊能力戰鬥故事的歷史。而是這些故事跟才能到底有什麼關係？

貓師父：你知道**「猿蟹合戰」**的故事嗎？

弟　子：這也扯太遠了……就是關於打倒害死螃蟹的壞猴子的日本老故事，對吧。

貓師父：在這個故事中，為了懲罰奸詐狡猾的猴子，栗子、臼、蜜蜂、牛糞都團結起來。**這些角色看起來都不可能單獨贏過猴子，但他們發揮了各自的才**

※4：大阪大學等團隊以芥川獎得獎者為研究對象，分析了三百八十一筆數據，比較得獎作家與終生僅獲提名但未得獎作家的壽命。結果前者的死亡機率比後者低百分之二十七～二十八（4）。

能，最終獲勝。

弟　子：栗子在圍爐裡烤過後，爆飛出來，猴子逃出門時在玄關前踩到牛糞滑倒，最後臼從屋頂掉下來砸中猴子，對吧。

貓師父：沒錯。在這場作戰中，如果角色全都放錯位置，就會變成一場災難。例如，臼在玄關前、牛糞在圍爐裡烤火、栗子從屋頂掉下來，那猴子就完全不會受到傷害。

弟　子：加熱過的牛糞頂多只能當燃料用。

貓師父：簡而言之，這是因為每個人的天賦才能都被限制住了。牛糞的滑溜、栗子的受熱能力、臼的重量等等，如果沒有活用這些才能，是不可能制裁猴子的。從這個角度來看，要說「猿蟹合戰」是全日本最有名的特殊能力戰鬥也不為過。

弟　子：唔，這不就是所謂的「適才適所」嗎？這樣安排是理所當然的吧。

貓師父：的確，本就該如此。但假如這是理所當然的事，那為什麼還有那麼多人因為無法活用才能而苦惱呢？

弟　子：呃……這個問題很難回答啊。

貓師父：其實，你們人類之所以無法發揮才能，有三個原因。具體來說，就是以下三點：

①從「喜歡」和「擅長」的事情中尋找才能

②認為人生成功必須仰賴「特殊能力」

③認為人生是由「出身」決定的

大多數人因為上述原因，無法純熟運用自己的才能。如果沒有先掌握這些要點，就會永遠煩惱於自己「沒有才能」。

弟　子：咦？這是什麼意思？從「喜歡」和「擅長」的事情中尋找才能，是錯的嗎？而且，成功所必須的「特殊能力」並不存在，又是怎麼回事？

貓師父：別急。還有一點，你們如果想要發揮自己獨特的能力，就必須記住以下三個跟才能有關的法則。

才能法則❶ **人生就是一場「特殊能力戰鬥」**

才能法則❷ **所謂才能，就是團體內的「比較優勢」獲得肯定的狀態**

才能法則❸ **在規則越模糊的世界，越容易打贏「特殊能力戰鬥」**

弟　子：這部分也是謎團重重耶。到底是什麼意思呢？

貓師父：那麼，我就來詳細說明吧。首先從你們無法發揮才能的三個原因開始。

本書結構與使用方法

本書可分為兩部分。

第一部為**「問題篇」**，主要說明我們思考「才能」時容易犯的錯誤。先帶你認識一些常見的誤解，然後重新建構思考模式的基礎，以正確掌握個人與生俱來的能力。

第二部為**「解答篇」**，旨在解決第一部提出的問題，並練習在日常生活中發揮你的能力。探索才能的方式有許多種，本書精選出經過數據證實具有卓越效果的方法。第二部與「問題篇」不同的地方是，你必須實際動手，一步步分析自我，並建立起一套脈絡，最終目標是學會純熟使用自己的才能。

因此，即使從「解答篇」開始閱讀，也能夠達成本書的目標，但如果缺乏關於才能的基礎知識，將很難充分練習掌握才能的技巧。所以，**先理解「問題篇」的內容再往「解答篇」前進，才是真正的捷徑。**

目錄

為什麼「天賦才能」並不存在？

第1部

問題篇 1

為什麼不能從「喜歡」和「擅長」的事情中尋找才能？

～「喜歡與擅長的沙漠」～

目錄

「成功不可或缺的能力」並不存在，為什麼？

~「人生成功的森林」~

目錄

解答篇 2 決定戰鬥方式

～「戰術的草原」～

解答篇 3

學習純熟使用特殊能力

～「特殊能力戰鬥之競技場」～

目錄

第 1 部 問題篇

為什麼「天賦才能」並不存在？

問題篇

1

為什麼不能從「喜歡」和「擅長」的事情中尋找才能？

～「喜歡與擅長的沙漠」～

「喜歡」的事情會不斷改變

貓師父：人類之所以無法好好發揮才能，其中一個原因是「試圖從『喜歡』和『擅長』的事情中尋找才能」。

弟　子：這我無法認同。如果是自己喜歡的事情，那麼不勉強也能持之以恆，自然就能夠做得越來越好。所以說，只要持續鑽研自己喜歡的事，就能夠獲得足以被身邊人稱為「才能」的能力。

貓師父：這是關於才能最常見的誤解。

弟　子：怎麼可能！常常有人說「喜歡的事就是才能」。也有人說「正因為喜歡，才能把事情做得更好」。

貓師父：但也有「喜歡但不擅長」這樣的說法喔。

弟　子：是這樣沒錯⋯⋯。

貓師父：的確，學術界有不少研究報告指出「追求喜歡的事會提升幸福感」。二〇二二年也有調查指出，對於自己感興趣的事懷有熱誠、能夠全心投入的人，人生的滿足程度更高（※1）。

弟　子：咦？這麼說果然還是應該追求自己喜歡的事？

貓師父：如果以人生的滿足程度為目標的話，的確沒錯。但遺憾的是，根據過去的社會科學研究，**幾乎沒有數據支持「做喜歡的事就能夠在社會中有所作為」，實際上，還有不少研究報告指出這樣反而會表現更差。**

舉例來說，某項針對商務人士的研究，調查了那些喜歡自己工作的人是否真的表現出色。結果是這種人很努力工作，但生產效率並不高（※2）。

※1：加州州立大學弗雷斯諾分校以兩百九十七人為研究對象（1），調查工作熱情與幸福感的相關程度。結果是，喜歡自己的工作內容的人，生活滿意度、主觀幸福感受、使命感都非常高。不過這份研究無法判斷究竟是因為有熱情所以幸福，還是因為幸福所以有熱情。

※2：哈佛商學院的喬恩・雅次莫維茲（Jon M. Jachimowicz）所做的研究，以科技業公司為對象，調查全公司人員對工作的熱情程度與其工作表現的關聯（2）。結果發現，越是喜歡自己的工作的人，得到「燃燒殆盡症候群」以及離職的機率越高。

弟　子：太令人難過了。

貓師父：追求喜歡的事仍無法成功的原因有三個。**第一，我們的「喜歡」會隨時間改變。**根據心理學的研究調查，人的喜好平均每兩、三年改變一次，是很常見的事（※3）。你可以實驗一下，回想自己十年前最喜歡什麼？和現在喜歡的，是不是完全不一樣？

弟　子：這麼說來，以前我很喜歡運動，但現在因為工作太忙，都沒在運動了……。

貓師父：不需要沮喪。隨著時間流逝，對喜歡的事情熱情減退再尋常不過了。統計上來看，能夠喜歡同一件事長達十年不變的人只占少數。而且，**如果只追求自己喜歡的事，一旦熱情稍微減退，就會失去幹勁，無法達成目標。**

弟　子：原來追求喜好會讓自己更容易受動機變化的影響啊。

目錄

問題篇 3 為什麼「出身」無法決定人生？

～「照亮未來的燈塔」～

第2部 「比較優勢」決定你的才能

解答篇 1 決定才能的三個法則

～「比較優勢之村落」～

「迷路時，
最好的辦法就是跟著貓走。
貓不會迷路。」

——查爾斯・M・舒茲（Charles Monroe Schulz）
（漫畫《Peanuts》作者，史奴比之父）

野人
鈴木祐 著
余鎧瀚 譯
YU SUZUKI
才能の地圖

「堅持喜好」不一定是好事

貓師父：接著，**第二點是，大多數人喜歡的事，並不被世界需要**。舉例來說，根據魁北克大學的調查，參與研究的大學生中有84％的人擁有「喜歡的事」，其中90％與運動、音樂、藝術有關。

弟　子：哎呀，大多數人都會被華麗的興趣吸引嘛。

貓師父：沒錯，但與運動、音樂、藝術相關的工作在所有職業中僅占3％。因此，如果大家都追求自己喜歡的事，為爭取稀少的工作機會而彼此競爭，那大

※3：貝勒醫學院的神經學家佛瑞德・諾爾（Fred Nour）於二〇一七年出版的著作裡有以下結論，在回顧許多先前的研究後發現，「我們的『喜歡』與『熱情』等情感頂多只能延續二到三年」。不過，當然這不意味著我們不應該喜歡自己的工作（3）。

多數人都無法從事「喜歡」的工作（※4）。

弟　子：就算再怎麼喜歡，如果不被需要也無法謀生……。

貓師父：最後，**第三點，追求「喜歡的事」所獲得的評價，會依情況有所不同。**追求自己喜歡的事情能否得到肯定，會隨著對象和事情而改變。具體來說，根據哈佛商學院的研究，「喜歡工作的諮商師」比起「喜歡工作的會計師」更容易獲得正面評價，工作表現也會更好（※5）。這很合理，因為諮商師比會計師更可能被期待對工作抱有熱情。

弟　子：沒錯，大家都希望會計師保持冷靜吧。

貓師父：更進一步來說，上述研究還提出以下幾點觀察：

◎向客戶推銷創新的想法時，展現「喜歡」的態度有正面作用。但是針對具體條件作交涉時，強調「喜歡」常造成反效果，導致簽訂不利的合約。

◎在商務上展現熱情，基本上只能對本來就對我方提案有好感的對象發揮

正面效果。如果是對我方反感的對象，展現熱情往往只會招致更多反感。

「堅持喜好」看似好事，實際上卻會在不同場合發揮不同作用。要正確運用「喜歡」的態度，就必須能夠辨識在哪些場合展現自己的熱情是有效的。也就是說，如果一味追求「喜歡」，周遭的人不太可能因此認可你擁有才能。

弟　子：嗯……那該怎麼做才能找到天賦才能呢？

※4：魁北克大學等研究團隊，請五百三十九位大學生列舉他們認為「無法想像生活中少了這項活動」「要是沒有這項活動就活不下去」的事情。結果，「喜歡的事」前幾名是跳舞、滑雪、閱讀、游泳、足球、彈奏吉他、籃球等（4）。

※5：根據前述（P27）喬恩．雅次莫維茲的研究，分析創業者提出的創業簡報後，得出的結論是：「展現『喜歡』態度能否帶來助益，依簡報對象而異。」（5）

從「自然而然做到的事」無法看出才能

貓師父：你還能想到其他找尋才能的方法嗎？

弟　子：其他方法……對了，**深入探索「自然而然做到的事」，這樣呢？**如果我生來就具有某種才能，就算不是特別喜歡的事情，也能不自覺地完成。比如，我比較容易緊張，任何工作都會很小心地去做，有時甚至太過謹慎。雖然曾經因此被上司責備動作太慢，但有時候也會被稱讚工作很細心。

像這樣不需要特別思考，自然而然就能做到的事，是不是就潛藏著才能呢？

貓師父：**這種思考方式也很拙劣。**

弟　子：咦？又錯了嗎？

貓師父：這是因為，**如果把焦點放在「自然而然做到的事」，便可能忽略其他能力**。近年有許多正向心理學研究都指出，大多數人並沒有展現出與生俱來的能力。

比如，某項實驗讓受試者觀看陌生人的臉部照片，請他們猜測照片中人的心情。然後實驗者再調查這些受試者的日常溝通情況。讓人驚訝的是，許多看似無法在日常對話中察覺氣氛的人，其實具有很高的情感解讀能力（※6）。也就是說，許多人其實擁有很高的共感能力，平常卻完全沒有展現出來。

弟　子：這麼一來，確實很難靠「自然而然做到的事」找到才能。

※6：富蘭克林與馬歇爾學院的研究。研究團隊以學生為調查對象，衡量其溝通能力。首先，給受試者觀看二十四張臉部照片，請受試者猜測照片中人的情緒。其中半數的受試者觀看照片時會被告知「實驗目的是測試你的社交能力」，另一半受試者則被告知「實驗目的是測試你的常識水準」。結果發現，後者組別中，越是不善於社交的人，反而更擅長解讀他人的情緒。也就是說，世上有許多人是因為承受不了溝通的壓力，才導致他們判斷他人情緒的能力大幅下降（6）。

貓師父：除此之外，**也有不少人明明能力非常好，卻無法在日常生活中發揮出來。**

比如：外表看似漠然實則好奇心旺盛的人、態度冷淡實則充滿熱情的人、幽默感不錯但做事卻一絲不苟的人等等；有許多研究報告都提及了上述情況（※7）。

弟　子：為什麼會這樣呢？

貓師父：能力被埋沒的原因非常多，大致可以統整為以下幾種類型：

被其他能力阻礙：某些性格或特質會壓抑特定能力的發揮。例如，某人其實具有很高的「領導能力」，但是「謙遜」、「拘謹」的能力也很鮮明，因此缺乏率領身邊人的動力。

缺乏技巧的阻礙：缺乏展現天生能力的技巧。例如，某人具有「共感能力」而且很「體貼」，但卻缺乏與他人順暢溝通的技巧，導致無法發揮所擁有的能力。

心理創傷阻礙能力：由於曾遭遇負面經驗，因此下意識地阻止自己發揮天生的能力。例如，孩提時候曾因為塗鴉或惡作劇惹得父母親大發雷霆，長大後便害怕展現好奇心，或者對新的事物感到恐懼。

環境阻礙能力：長期置身某種特定環境，以致錯失了發掘自身能力的機會。例如，本來擅長創意發想的人，因長期從事流程固定的工作，因此逐漸習慣不發揮創造力。

自我形象阻礙能力：過分執著於「我就是這種人」的想法，以至於無法

※7：密西根州立大學的心理學家萊恩·尼米克（Ryan Niemiec）推論（7），世界上有百分之三十的人因為某些原因未能發揮自己天生的能力。而發現自己生來具有能力，能夠有效改善某些心理障礙（尤其是社交焦慮症）。

意識到自己擁有其他能力。例如，某人自認「和誰都能好好相處」的想法太過強烈，以至於遭到不合理的對待時，仍保持友善態度，無法展現「表達自我」、「展現自我」的能力。

弟　子：我也有親身經驗。高中時，我被朋友說「你不懂得察言觀色」，因此大受打擊，變得不敢積極行動。在那之前我常常在上課時發言的。

貓師父：你有自覺已經算不錯了。**很多人根本不曾察覺自己從未發揮天賦才能，所以就算請這些人「從自己能夠自然而然做到的事，來發掘才能」，也沒有意義。**

弟　子：這樣看來，想找到自己的才能真的好困難啊⋯⋯。

即使做擅長的事，也無法產出好成果的原因

弟子：但我還是無法接受。到底為什麼不可以「從擅長的事情中尋找才能」？如果是自己擅長的事，自然就能夠做得比較好，只要有意識地去發展這些技能，就能發展出堪稱為「才能」的能力吧！

貓師父：我可以理解你的想法。當你察覺到自己擅長某件事時，很容易就會認為那是天賦才能。但是，很遺憾，**目前沒有能夠信賴的研究資料指出「發揮自己擅長的能力，可以帶來高水平的成果」**（※8）。

※8：目前為止，雖然有許多研究指出，作業人員如果意識到自己在做自己擅長的事，能夠改善心理健康，但很少有資料顯示這件事與提升工作表現有關。當然也有研究主張「發揮擅長的事能夠提升業績」，但那些研究大多是販售教練教材的公司所做的。

弟　子：是這樣嗎？我還以為做擅長的事更容易有好的成果。

貓師父：我以二〇二〇年發表的一項統合分析（※9）為例。統合分析是將多個研究結果整合在一起的研究方法，比起只用一份研究資料做判斷，能夠得到更正確的結論。可說是目前最佳的研究方法。

根據這份分析，當商務人士將自己擅長的事用於工作時，對業績的影響是「d＝0．28」，之後再追蹤其對工作表現的影響是「d＝0．22」，甚至已經不具統計意義了。

弟　子：完全聽不懂。請您說明得簡單一點。

貓師父：**簡單來說，就算發揮擅長的事，對工作結果也只帶來「似乎有幫助，又似乎沒有幫助」這樣微妙的差異。**雖然不能說完全沒有意義，但也遠遠不足以定論「擅長的事就是才能」。

單從現有的研究來看，若專注於自己擅長的事，確實能提升工作的動力及滿足度，但能夠連結到高工作表現的例子少之又少。

弟　子：真叫人意外。這是為什麼呢？

貓師父：箇中原因應該可以分作三點。**第一，與其加強長處，修正缺點的效益更高。**實際上，依據過去的統合分析研究，改善員工缺點所獲得的效益，比起發揮其擅長之事的效益還高得多（※10）。無論頭腦再怎麼聰明，如果性格差，便無法得到周遭協助；無論畫技多麼高明，如果缺乏自我紀律，便無法完成作品，這都是顯而易見的吧。

弟　子：即使是微小的缺點，也可能抵銷重要的長處呢。

貓師父：接下來，**第二個原因是，「發揮擅長的事」所能造成的效果依狀況而異。**根據加州大學等團隊的研究，工作經驗較少的新進員工若專注於自己擅長

※9：羅馬尼亞西蒂米史瓦拉大學所做的統合分析（8）。該團隊整合分析了二十一組隨機對照實驗的結果，發現就算指導員工發揮自己擅長的事，工作業績也幾乎不會提升。

※10：哥倫比亞大學心理學家湯瑪斯·查莫洛－普雷謬齊克（Tomas Chamorro-Premuzic）在《哈佛商業評論》中評述：「我支持『改正缺點的教練課程』比『不提供負面反饋的教練課程』成效更好，這類的論點」（9）。此外，Collins & Holton, 2004（10）及Avolio et al, 2009（11）等研究則指出，改正缺點的教練課程效果的量化結果平均是0．65。

的事，更容易提升工作的動力。畢竟，如果經驗不足又一直被指責缺點，誰都會感到受挫吧。

但是從另一方面來看，**對工作動力已經很高的人來說，能夠意識到自己的缺點才更能提升工作表現。**尤其資深的商務人士，他們更懂得以積極態度面對自己的不足，也就更能透過改進缺點來提升工作表現（※11）。

弟子：所以，**是否能發揮「擅長」的效果，還是取決於個人的技能與當下情境啊！**

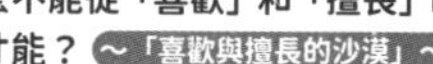

很多時候，放棄「擅長」的事比較好

貓師父：最後也重要的一點是，**我們的「才能」是依時間和場所不同來定義的。沒有哪一種才能或技能是絕對優越的，好壞優劣會依周遭狀況改變。**

弟　子：意思是，就算發揮自己擅長的事，如果周遭有比自己更傑出的人，也沒意義是嗎？

貓師父：這也是一部分原因。**無論我們多擅長某件事，只要身邊出現比自己優秀的人，轉眼間我們就會失去表現機會。畢竟，這世界總是「人外有人」。**

※11：二〇一五年加州大學發表的文獻評論，以超過一百五十份先行研究為基礎，精算「回饋」、「目標設定」、「導入誘因」三種方法的效果。該評論指出，每種方法依其對象及狀況不同，也常出現反效果的情形（12）。

弟　子：的確是這樣沒錯。

貓師父：可是，更重要的是，有很多人堅持發揮自己擅長的事，結果反而錯過更大的成功。

弟　子：有「不做自己擅長的事」比較好的情況嗎？

貓師父：譬如說，假設有兩位音樂家，一位是「樂技高明太郎」、一位是「樂技拙劣次郎」，兩人打算組一支搖滾樂團。因為成員只有兩人，因此一人擔綱主唱，另一人就是吉他手。

弟　子：這名字取得夠嗆。

貓師父：我只是在說故事嘛。當兩人決定樂團分工的時候，發生了大問題。比較兩人的音樂技巧，結果發現「樂技高明太郎」的吉他演奏或唱歌技巧，都比「樂技拙劣次郎」還要出色。

弟　子：和名字一樣。

貓師父：如果用數字表示兩人的音樂技巧，可以製作成隔頁的表格。如表所見，「樂技高明太郎」的吉他技巧值高過唱歌技巧值。因此他自認

◎如何合作，才能讓搖滾樂團的表現最好？

	唱歌技巧	吉他演奏技巧
樂技高明太郎	10	15
樂技拙劣次郎	2	10

這種合作模式的總計數值最高！

「我擅長吉他」。

弟　子：吉他技巧比唱歌技巧好，也難怪他這樣想。

貓師父：可是，當他們想要組樂團時，情況就不一樣了。因為從表格可以看到，「樂技高明太郎」彈吉他、「樂技拙劣次郎」唱歌的話，總技術值只有17分。可是，如果「樂技高明太郎」選擇唱歌，總技術值就提高到20分，樂團的音樂表現會最好。

弟　子：原來如此。**「樂技高明太郎」不追求擅長的事，最後的成**

功機率可能反而比較高。

貓師父：**和其他人組成團隊時，有時刻意放棄自己擅長的事比較好，這樣的例子其實不少。**如果無法看出這點，堅持做自己擅長的事，不但可能害到自己，也會拖累團隊。

弟　子：原來，有時放棄「擅長」的事會比較好啊……。

環境改變，你的「才能」也會改變

貓師父：不過，「擅長的事就是才能」之所以不是好建議，還有更重要的原因。**因為「哪種才能可以派上用場？」這個問題的答案會依狀況不同一變再變。**

弟　子：這是什麼意思呢？

貓師父：舉幾個例子吧。大家都知道發明大王湯瑪斯・愛迪生小時候是問題兒童。

在學校時因為疑惑「給人類吃鳥的食物，人類就能學會飛嗎？」而讓朋友吃下蚯蚓。在家裡則因為好奇「東西為什麼會燃燒」便點燃稻草，結果燒掉整間工具小屋等等，是出了名的麻煩製造者。總之就是個聽不懂人話，也不會察言觀色的人。

弟　子：他小時候真是調皮搗蛋啊。

貓師父：因此，學校說愛迪生「造成其他學生困擾」而命令他退學，當時愛迪生就讀小學才不過三個月。愛迪生的父親也放棄他，導師更是毫不客氣地說：「這孩子頭腦不正常。」

弟　子：他們簡直被氣炸了。沒想到日後被稱為發明大王的人，在學校時竟然不被看好啊。

貓師父：不過，就算這樣，愛迪生的母親南西仍不放棄他。南西曾經擔任教職，她知道自己的兒子之所以在學校一直惹麻煩，是因為他有旺盛的好奇心。於是，南西開始自行教導愛迪生讀書，還在家裡設置了專用的實驗室，讓兒子可以自由探索。

弟　子：只有母親看出兒子的個性也是一種天賦才能。

貓師父：多虧有母親的幫助，愛迪生從小學就嘗試製作直升機、自己印製報紙、實驗用氨氣飛行等等，在好奇心驅使下不斷挑戰各種事情。他在這個階段學到的技術，也成為後來發明留聲機及電燈泡的基礎。

弟　子：**在學校裡派不上用場的性格，卻在發明的世界裡發揮用處了。**

貓師父：類似的例子還有很多。比爾．蓋茲也是，孩提時代總是自己一個人玩遊戲，曾被小學建議「是否要留級」；提出「演化論」的達爾文也因為太熱衷採集昆蟲，曾被說是「達爾文家之恥」。

弟　子：這兩人都是足以和愛迪生相提並論的問題兒童。

貓師父：可是，正如大家所知道的，比爾．蓋茲發揮了一個人玩遊戲所需的專注力，開發出Windows作業系統；達爾文在自然環境中培養出觀察力，最終對人類認識世界的方式掀起了革命。

這些例子都說明了，在某處會引發問題的能力，在另一處卻能夠發揮作用。**什麼樣的才能可以派上用場，答案會依所處的環境大有不同。**

「缺點」在某些狀況下也會成為助力

貓師父：同樣的，**近年來也有多項研究指出，在一般情況下被視為「缺點」的特質，有可能在不同情況下成為助力。**

弟　子：就像愛迪生的脫序行為後來成為發明的助力一樣嗎？

貓師父：對啊。我們來看看具體的例子吧（※12）。

「容易感到不安的人」的優點：心理較脆弱而容易感到不安的人，會為

※12：喬治亞大學針對一千兩百五十八名商務人士進行了一項研究。這份研究調查所有受試者的個性，並將結果與工作表現（由第三者計分）做比對（13）。根據這份研究報告，「勤奮工作」、「能夠與任何人社交」等正面的特質，在某些情況下可能導致傷害心理健康、工作表現低落等情形。

未來可能發生的問題預作準備。有許多報告都指出，悲觀的人可能有較高的工作表現。此外，不安的情緒也可能提高身體的緊張感，提升注意力。

「缺乏自信的人」的優點：根據多項研究，缺乏自信的人比較容易坦然接受批評，因此能力的成長速度會高過自信過剩的人。此外，缺乏自信的人比較不會用偏頗的眼光看待世界，因此能依據現實狀況做出較好的判斷。研究認為，「缺乏自信」能作為認知個人極限與能力不足的信號，多虧這點，缺乏自信的人擁有較高的現實理解能力。

「不合群的人」的優點：有些人無法和他人好好相處，這樣的個性不利於社會生活，但換個角度來說，這種人可能不畏懼周遭批評，因此能夠打造具獨創性的事業、構思嶄新的發明，這種例子並不少。此外，這些人不怕和他人起衝突，能夠堅持自己的意見，因此也更可能擁有較高的年收入（※13）。

「內向的人」的優點：無法敞開心胸、不擅交際、總是孤獨而自尊心低的人，這樣的人通常較擅長察覺他人心思。關鍵原因可能在於，內向的人比外向的人花更多時間觀察別人，而且也更常探索自己的內心，因此自然能夠更深入認識他人的心理（※14）。

就像以上的說明，這些個性雖然被認為是負面特質，卻各自擁有獨特的長處。

※13：基本上，越是合群的人越不容易得到上司的建議，年收入也較低。這很可能是因為太過合群而會避免與他人起衝突。

※14：個性內向、帶有憂鬱與孤獨氣質的人，似乎比外向、擅交際的人更能準確預測他人的行動。個性太過外向的人，言行常常過於戲劇化、追求刺激感，對他人表現出自以為是的態度。這樣的人往往被周遭的人認為是麻煩的人，結果導致工作表現變差（14）。

弟　子：看來一切都取決於「如何發揮特質」呢。

貓師父：**說得更極端一點，就連病態人格都有長處。**

弟　子：精神病態也有好的地方嗎？

貓師父：你對精神病態的印象是什麼？

弟　子：呃，缺乏共感能力、為了滿足個人慾望不擇手段的人吧。還有，我對電影裡連續殺人魔的印象也很鮮明。

貓師父：電影裡的病態人格畢竟和現實情況差很多，不過，除此之外的印象大都沒有錯（※15）。有精神病態特質的人，只考量個人利益，不顧慮他人情感，冷淡而缺乏責任感，慣於操弄別人。

弟　子：真是惡劣透頂！

貓師父：只不過，**病態人格具有「不受他人情感影響」的特質，依狀況不同也可能發揮積極的作用。**精神病態不被他人情感左右，因此總是自信滿滿，不會因為結果好壞而動搖，所以抗壓性強，能夠不畏風險採取行動。

弟　子：看來，這樣的個性好像也有它的魅力。

貓師父：所以呢，根據目前為止的研究結果，大企業的執行長、律師、外科醫師、消防員、記者之中，好像有不少人有病態人格（※16）。因為這些職業需要冷靜做判斷，不能受情感影響。**在情感負擔較重的職業環境中，病態人格者的工作表現通常較佳。**

弟　子：害怕風險就當不了執行長和消防員嘛。

貓師父：這些人雖說有病態人格，但不見得會採取反社會行動。病態人格者「不知道害怕」的特質，在需要勇氣的情境下能夠有效發揮作用，實際上這樣的人也常被職場同事評價為「可靠的人」。

弟　子：原來，病態人格也有適合發揮特質的地方啊。

※15：布魯塞爾自由大學出版的評論論文，曾詳細探討病態人格在電影中再現的正確性（15）。該論文分析了四百部電影，以「學術性正確地再現了精神病態人格者」為標準，選出了《險路勿近》《亨利：連環殺手的肖像》《蘇西的世界》《華爾街之狼》四部電影。至於《驚魂記》的諾曼・貝茲和《沉默的羔羊》的漢尼拔・萊克特博士則被認定是「錯誤地再現精神病態」。

※16：劍橋大學的心理學家凱文・達頓曾研究何種職業別的病態人格者最多。以下列出前十名（16）：（一）執行長（二）律師（三）藝人（四）業務（五）外科醫師（六）記者（七）警察（八）神職人員（九）廚師（十）公務員。

牛糞要放在玄關，栗子要藏在圍爐

弟　子：可是，聽到目前為止，你只有講到「負面特質也有好的一面」不是嗎？實際上，負面特質究竟能不能在社會上有好的表現，又是另一回事吧？

貓師父：你真是多疑。關於個性和年收入的關聯，諾貝爾經濟學獎得主詹姆士・赫克曼（James Joseph Heckman）已經做過研究。我來介紹這份研究中幾個知名的結論吧（※17）。

◎情緒穩定程度與年收入

情緒穩定，不易感到不安、悲傷的人，能夠在壓力較大的環境下工作，或是在高決策壓力的工作中發揮能力，這些人實際上年收入也往往較高（如投資銀行家、神經外科醫師、消防員等）。

相反的，容易不安、容易對未來感到悲觀的人，在重視細節、需要高注意力的工作中能夠表現出色（如交通安全相關工作、健康管理相關工作、學術研究等）。在這方面，他們的收入常常高於情緒穩定的人。

◎個性開朗程度與年收入

個性開朗善於社交的人，在與他人交流較頻繁、需與各種人建立信任、必須維持人際關係的工作中，較容易獲得高收入（如廣告代理、顧客服務、老師、護理師等）。

相反的，比較寡言、不善社交的人，在需要做出困難決策或是需要誠實發言的工作上，年收入會比較高（如經營者、財務管理者、律師、醫師、職業運動教練等）。

※17：芝加哥大學經濟學家詹姆士・赫克曼等人調查了超過三百份先行研究，觀察到：個性特質與職業需求匹配時，每增加一個標準差，薪水就會隨之上升（17）。這樣的現象稱為「職業適性紅利」，目前仍有相關研究進行中（18）。

◎性格積極程度與年收入

外向、個性積極的人，在重視建立人際關係、常需要在公眾場合談話的工作上，較容易獲得高年收入（如政治家、建商、房地產經紀人等）。

反過來說，內向、怕生的人，在需要單獨作業、長時間維持專注的工作上（如圖書館員、軟體開發工程師、監察人等），容易比外向的人獲得更高年收。

除此之外，還有不少資料顯示「特定個性與年收入的關聯」。**簡單來說，選擇能夠發揮個性的工作，將對收入產生5～10%的影響。**

弟子：原來如此。這樣說我就懂了，無論哪一種特質與能力，都需要考慮如何活用。

智商高，一定是優點嗎？

弟　子：我還是有疑問。我理解看似負面的特質也可能派上用場，但反過來的情況應該就不成立了吧？例如，聰明絕頂這個特質不會帶來麻煩吧，只要天生擁有「高智商」，在哪裡都能表現得很好，對吧？

貓師父：這是個好問題。「智商很高」確實會讓人覺得只有優點。

弟　子：對吧。如果按照前面討論的，高智商不受周遭環境影響，可以說是絕對的天賦才能。

貓師父：不對，**其實有研究指出高智商也有不少缺點**。

弟　子：真的嗎？

貓師父：最具代表性的就是溝通問題。**過去曾有多項研究指出，高智商的人在人際關係中往往比較辛苦，人際關係的品質較低**。由於思考能力比別人優秀，很難與周遭的人有相同的興趣或是共同意見，常常無法愉快地對話（※18）。

弟　子：頭腦很聰明，反而因此被孤立啊。

貓師父：高智商的人由於不擅長與周遭的人共事，在公司表現不好的情況也不少。谷歌公司原本十分重視員工的智商，了解到這項缺點後，從二〇一〇年代起開始修正招募政策（※19）。

弟　子：不擅長溝通的話，在公司裡會混不下去啊。

貓師父：另外，**高智商的人也往往容易苦於心理及身體疾病。**針對美國門薩俱樂部會員所做的研究指出，智商越高的人，越容易罹患氣喘、過敏，罹患焦慮症的機率也比一般美國人高了二至四倍（※20）。雖然不知道確切原因，但可能是因為智商越高的人更善於從周遭環境汲取訊息，大腦比一般人更容易興奮過度，心理和生理的負擔因此加重。

弟　子：頭腦聰明的人也不輕鬆啊。

貓師父：下一章會再詳細說明，其實目前已知，**高智商的人出社會後其實出乎意料**

地較不容易成功。恐怕就是因為受到前面提到那些缺點所阻礙。

弟　子：沒想到高智商會變成無法在社會順利生存的原因啊。

貓師父：是啊。類似的情況多不勝數。**像是「努力」這項才能也有缺點。**

弟　子：咦？你是指像「能夠反覆進行單調的練習」和「能不斷累積微小的努力」這樣的能力嗎？

貓師父：沒錯。就是「能夠全力以赴朝目標前進」這樣的能力。**大家對這類能力的印象都很好，但有研究指出，這種人過了五十歲之後容易記憶力衰退，罹**

※18：加州大學戴維斯分校曾做過一項研究，調查三百七十九位商務領袖的智商，以及其下屬對於上司工作能力的評價（19）。結果發現從智商一百二十以上的研究對象開始，下屬對其評價大幅降低。原因在於高智商的人不擅長溝通，無法好好交辦業務。

※19：谷歌的工作大多需要數學技能，所以修正招募政策並不表示谷歌不再看重員工的認知能力，而是比起智商高低，谷歌越加看重「統整零碎情報的能力」、「湧現式（emergence）領導」、「智識的謙遜」等特質（20）。

※20：以三千七百一十五位門薩俱樂部會員為對象所做的調查中，智商一百三十以上的人有百分之二十診斷出焦慮症（全國平均是百分之十），受心理障礙及注意力不足過動症所苦的人數也高於平均（21）。

弟　子：勤奮努力的人竟然會遭遇這種問題？

患心臟疾病的風險也比較高（※21）。

貓師父：能夠持續不懈努力確實是很重要的能力。如果缺乏這項能力，就無法學習新的技能，也無法執行長期的計畫。可是，**如果總是想著「必須全力以赴」，就算眼前的目標其實不是必要的，也難以果斷地放棄吧。**

弟　子：比如，不幸進了黑心企業，卻因為太過拚命而無法辭職嗎？

貓師父：沒錯。還有像是不願放棄從高中就開始的玩樂團，畢業後沒有應屆就職繼續玩樂團，或是讀書讀到累壞身體了還不願意休息等等，「努力」這項才能有不少副作用。在早該放棄的地方持續努力，堅持越久狀況就越晚改善，還會徒增不必要的壓力。

弟　子：也就是說，越努力的人就越容易生病啊。

貓師父：正如前面所說的，看似再優秀的能力都有缺點。每種能力能否有效發揮，還是取決於當下的情境。

弟　子：原來如此，所以你才會說「沒有絕對的才能」。

貓師父：是的。總而言之，**你們人類不過是把被放在適當位置的特質稱為「才能」，處於不利位置下的特質稱為「缺點」。這樣看來，所謂的才能可以說根本就不存在。**

弟　子：啊！原來之前說過的「才能其實不存在」是這個意思嗎？

貓師父：嗯，用「猿蟹合戰」來比喻的話，栗子和牛糞都不具備打倒猴子的才能。只是充分認識自己的特質，各自採取符合當下情況的最佳行動罷了。同樣的道理，**如果無法理解周圍的狀況，就無法判斷自己的特質能否派上用場。**你們想要正確地發揮能力的話，就要把牛糞放在玄關，把栗子藏在圍爐裡。

※21：日內瓦大學等團隊的一項研究，追蹤調查三千一百二十六名二十多歲的男性及女性受試者長達二十五年，發現「不畏困難奮鬥到底能力」較高的人，中年以後血壓較高、思考比較緩慢、解決問題的能力和制定計畫的能力都會下降。此外，這樣的傾向以「出身並不富裕的人」更強，成長環境貧困的人和具有某些障礙的人，受「努力」這項才能負面影響較深的機率也偏高（22）。

問題篇

2

「成功不可或缺的能力」並不存在，為什麼？

～「人生成功的森林」～

即使智商超過150，也不保證未來一定成功

貓師父：接下來，我們來談談人類無法發揮「才能」的第二個原因。那就是，**認為「人生成功的關鍵在於擁有某種特殊能力」**。世界上有許多人認為：「如果擁有這項能力，人生就能一帆風順。」我經常看到人們因此而苦惱。

弟　子：「特殊能力」指的是〈問題篇①〉提到的「高智商」、「努力」這類天賦才能嗎？

貓師父：沒錯。像是「只要有自信，人生就能很順利」、「正向思考是成功不可或缺的關鍵」等等，勵志書裡面常有這類句子。

弟　子：我的確看過。所以會產生「我就是缺乏自信才做不好」、「一定要積極」的想法，結果讓自己變得很沮喪。

貓師父：我來舉幾個具體的例子。大家常說的「成功必備的能力」如下：

①高智商

②充足的自信

③正向思考

④勤奮不懈的力量

⑤大量的練習

弟　子：咦？這些都非常重要吧！雖然我並不認為「只要擁有這種能力，就一定能成功」，但是剛才提到的特質，都對出人頭地很有幫助吧？

貓師父：事實並非如此。**即使擁有這些能力，也無法保證一定能在社會上能表現出色。**

弟　子：真的嗎？我實在難以接受。

貓師父：那麼，我們就先從「智商」的重要性開始談起吧。大家都認同「智商」是衡量人類智力的指標。這個數字的高低，差不多在出生時就已經決定了。

弟　子：也就是說，「智商高」就等於頭腦聰明，對吧。智商很高不就表示人生更容易成功嗎？

貓師父：「成功」的定義有些模糊，為了便於理解，我們就用「擁有的資產」及「社會地位」來衡量吧。只要有人得到這兩樣東西，就直接定義為成功人士，這樣應該沒有爭議吧。雖然每個人對幸福都有不同的定義，但不這樣劃分的話，會難以衡量。

弟　子：說得也是。如果以資產和地位來判斷，至少能反映某人在特定領域的成就。

貓師父：針對智商與人生成功的關聯，一九二〇年代哈佛大學的心理學家路易斯・特曼（Lewis M. Terman）曾做過研究。路易斯募集了全美國一千五百二十八名優秀的學生，追蹤調查長達三十五年，觀察這些學生的未來成就（※1）。這些學生的智商分布在一百七十到兩百之間，其中智商超過一百七十的有七十七人。

弟　子：一般人的智商是九十到一百，這群人真的相當聰明呢。他們的未來表現應該都很值得期待。

貓師父：**遺憾的是，參與研究的學生們，成年之後都沒有展現出媲美天才的天賦才能。**雖然其中有些人成為教授、醫師、企業經營者，但整體來說大家的職業都很普通。

研究團隊表示，「智商和成功並無關聯。本次研究的對象中並未出現諾貝爾獎得主、普立茲獎得主，也沒有像畢卡索那樣的藝術家。」

弟　子：集合了一千五百位以上聰明人的研究，結果竟然是這樣。

貓師父：順帶一提，當初婉拒參與研究的學生中，倒是有兩個人成年後拿了諾貝爾獎，另有兩個人成為世界級的音樂家（※2）。

※1：這是心理學領域中，最早也歷時最長的縱貫研究（1）。這份研究資料涵蓋了具有天賦才能的孩童在成年後的發展與特性，從中衍生出五本著作與數十篇論文。

※2：威廉・肖克利（William Shockley）和路易斯・阿爾瓦雷茨（Luis Walter Alvarez）分別於一九五六年及一九六八年獲得諾貝爾物理學獎。

弟　子：真令人嘆息。不過，這份研究是針對世界級的成功者，對吧？如果目標不要設那麼高，用一般的水準來衡量成功，高智商應該還是有利於成功吧？

貓師父：當然，**目前已知智商高低確實能夠對人生造成一定程度的影響**。根據某項研究，天生智商較高的人，比較可能在物理學家、工程師、神經外科醫師等職業有良好表現。因此，高智商的人年收入也比較高，平均智商每高一分，年收入就會高出兩萬五千日圓到六萬日圓（※3）。

弟　子：果然，智商高的人比較有優勢！

貓師父：但是這不表示智商平凡的人就處於劣勢。一項研究針對兩萬六千名企業執行長做調查後發現，儘管這些人的收入是一般勞動者平均收入的十二倍之多，但他們的智商大多也只有一般人的水準。智商低於平均的企業執行長甚至也不少見（※4）。

弟　子：啊，原來就算智商較低，也不一定賺比較少。

貓師父：總而言之，高智商在需要複雜技能的職業上具有優勢，其他職業則較無法有效發揮高智商的優點。

弟　子：也就是說，智力的優勢只適用於某些特定職業啊。

※3：波士頓大學的研究，追蹤了美國戰後嬰兒潮世代的七千四百〇三名受試者，調查智商每高出一分，年收入會有何變化（2）。結果發現，雖然智商與年收入有一定關聯，但以目前的資產總額來看，智商低於平均的人與智商較高的人的富裕程度是相當的。這可能是因為，智商較高的人較常承擔金錢上的風險，無論是過度使用信用卡，或是賭博導致破產而陷入貧困。

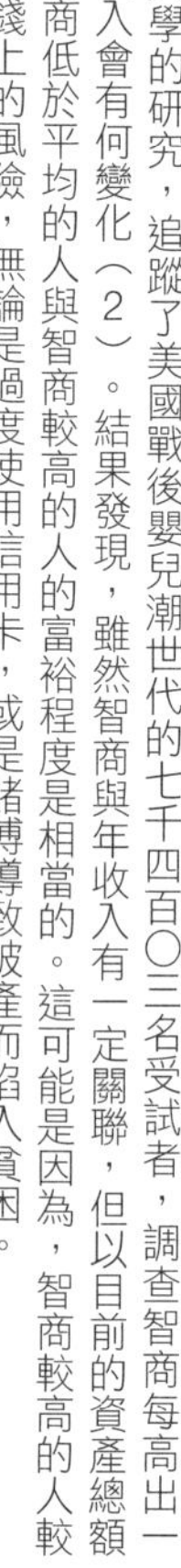

※4：新南威爾斯大學等的研究，調查了兩萬六千名企業執行長、六千名以上律師、四萬名工程師、九千名大學學歷的金融專業者來做比較，得出的結論是「擔任高階主管的人沒有我們想像得那麼聰明。我們所調查的企業執行長不屬於任何一種高認知能力者」（3）。

出身富裕家庭一定有優勢？

貓師父：除此之外，還有其他大規模研究調查了智商及雙親的經濟狀況對受試者未來年收入的影響程度。換句話說，他們研究的是，高智商且雙親富裕的孩子成年後，能夠變得多富有（※5）。

弟　子：如果兼備這兩種條件，收入應該會很高吧。

貓師父：你也這樣想對吧。然而，**實際上，就算同時考慮「雙親的富裕程度」及「孩提時代的智商」兩項因素，也只能解釋未來年收入的百分之十四左右。**

弟　子：天生頭腦聰明又家庭富裕，這些優勢的預估影響力也只有這種程度啊。

貓師父：對啊。總結來說，智商高低無法預測未來成功與否。所以，**就算智力較低也不要覺得自己條件不利，智力較高也不要自認為占有優勢。**

弟　子：因為很難用智力判斷未來能否成功啊……。

貓師父：目前為止，僅憑智商就能最準確預測的是「學歷」。智商越高的人，進入優秀大學的機率就越高。

弟　子：喔喔，聽起來還不錯。

貓師父：對於以「學歷」評斷人生成功的人，或許會覺得不錯。**根據名古屋大學等機構的研究，從名校畢業與未來能否獲得高收入，幾乎沒有關聯**（※6）。就算進入好的大學或高中，對將來的工作表現也幾乎沒有影響。

弟　子：說起來，學校的課程和工作上實際做的事，根本截然不同。

貓師父：如果從學歷無法預測未來的職場表現，那麼就算讀的是名校也沒辦法斷定將來的發展。你的人生目標，應該不是單純為了進一所好大學吧？

※5：順帶一提，在這份研究中，智商的beta值比「雙親的富裕程度」高了三倍。因此生來聰明與否，很可能比出身家庭如何重要得多（4）。

※6：名古屋大學的研究，調查同卵雙胞胎進入不同大學就讀，對於往後的年收入造成什麼樣的差別。結果發現，無論就讀哪間大學，兩者的工資收入幾乎沒有差異（5）。

弟　子：對啊，畢業之後的人生還很漫長。

貓師父：**歸根究柢，智商無法決定我們的未來。**作為科學研究的工具，智商具有重要意義，但作為評價個人成功的指標，則未免太粗略了。物理學家史蒂芬．霍金曾說：「炫耀自己智商的人都是失敗者。」真是一點也沒錯。

弟　子：我決定不再在意自己的智商了。

自信心高，成功的機率也會比較高？

貓師父：接著，我們來談談**「自信」**。你有聽過「有自信就能成功！」這樣的建議嗎？

弟　子：我聽過像是「毫無根據的自信也是自信！」、「人生的成功取決於自信！」之類的說詞。的確，有自信就能積極面對，對於達到成果有一定的

幫助吧。

貓師父：事情沒那麼簡單。舉例來說，俄亥俄州立大學等團隊曾對八十一份以自信為主題的研究做過統合分析。我應該不需要再說明什麼是統合分析吧？

弟　子：就是彙整大量資料，再統整分析的研究方法，對吧？這比只檢視一份資料能得出更具可信度的結果。

貓師父：大致上沒錯。根據這項研究，自尊心與工作表現的相關性是0．26。這個數字在統計學上表示具有一定關聯，但在現實中，可以說是幾乎毫無關係（※7）。根據這個數字來粗略計算，自尊心在決定人生成功中的重要性大約只有9％。

弟　子：**原來有自信也不一定代表工作能力強啊……**（※8）

※7：這份研究的主題是自尊心（對自己的正向情感）與自我效能（衡量自我是否具備達成目標所需能力的認知感）會不會影響工作表現（6）。研究結果是自尊心的相關性是0．26，自我效能的相關性是0．23。

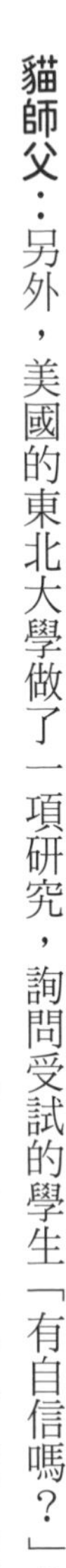

貓師父：另外，美國的東北大學做了一項研究，詢問受試的學生「有自信嗎？」然後在五年後追蹤調查（※9）。**在問卷上回答「有自信」的學生，被周遭的人說「那傢伙無法信賴」、「那傢伙說謊成性」的機率較高。**

弟　子：因為有自信的人比較容易被人討厭嗎？

貓師父：沒錯。充滿自信的人比他人更少感到不安，因此也比較沒有動力提升自我。和總是自信心不足的人相比，他們的技能進步程度比較低。

結果便是，儘管工作表現並不理想，但本人卻絲毫不懷疑自己的能力。這類人的自我形象過度膨脹，因此聽不進別人說的話，也比較自命不凡。

弟　子：這樣的人確實不太可能受人喜愛。

貓師父：順便一提，**有一項研究調查了對外表有自信的受試者，發現這些受試者被周圍人認為是俊男美女的機率只有五成。**智力與個性方面也得到相似的研究結果，對自己的外表及能力的認知，與周遭人的評價往往有一半的偏差（※10）。對自己信心充足的人，有半數很可能單純是把現實扭曲成自己想像的模樣。

弟　子：嗯，雖然自信滿滿的人惹人討厭，但是「毫無根據的自信也是自信」這類建議卻一直很受歡迎。這又是為什麼呢？

貓師父：自信受到追捧的原因很簡單。有自信的人通常自戀傾向比較強，容易誇大自己的成功與幸福。相對地，大多數人不會特別懷疑別人說的話，看到對方坦蕩蕩的態度，就會不由自主相信對方所說的。

弟　子：確實，**比起畏畏縮縮的人，我更相信看起來自信滿滿的人。**

貓師父：但是，統合分析以高績效者為對象的研究之後，可以發現其實自信和能力

※8：賓州州立大學的實驗，也得出類似的結果（7）。這份研究的方法是募集學生參加實驗，對其中一半的人說「你很厲害」，誘導他們產生毫無根據的自信。結果在下次的考試後，毫無根據的自信越強烈的學生成績變差，甚至低於自己過去的平均值。這個現象很可能是學生有了毫無根據的自信後，對自己的天賦才能感到安心，唸書的動力也因此下降所致。

※9：以男女共一百零一人為對象所做的研究（8），調查他們的自信以及周遭的人對他們的評價。研究團隊得出的結論是：「高度自信比低度自信的負面作用要來得嚴重。當事人不只會被自己膨脹的自我形象欺騙，在需要溝通的場合也很不利。」

※10：伊利諾大學的心理學家艾德．迪安納（Ed Diener）所做的研究（9），調查學生的生理吸引力、主觀的幸福感受及周遭的人對其評價，檢驗各項之間的相關程度。

的關聯並不高。**表現出類拔萃的人很有自信，那是因為他們的能力非常出眾，真正重要的是，你不一定要擁有很高的自信，也能具備很卓越的能力。**

弟　子：你的結論變成是在講大道理呢……。

負面思考，比正向思考好？

貓師父：另一個類似「自信」的特質**「正向思考」**，也常被認為是成功不可或缺的能力。

弟　子：沒錯。如果能夠正向思考，就比較不會沮喪，也就能比較順利地推進工作。

貓師父：但是，這種思考方式也需要注意。有一項研究對大學生做訪談，詢問他們

「平常正向思考的頻率？」「正向思考的次數是？」並在兩年後再次訪談，**發現正向思考較頻繁的學生畢業後，收到的工作錄取通知較少，薪水也比較低。反而是負面看待人生的學生年收入較高**（※11）。

弟　子：這樣說來，豈不是負面的人比較成功嗎！究竟是為什麼？

貓師父：原因很簡單，**正向的人比負面的人更容易怠惰。**總是樂觀看待未來的話，很可能會認為「我一定沒問題」而不再追求改變現狀。

弟　子：如果太過正向，危機意識反而不夠呢。

貓師父：此外，研究資料也顯示，**正向的人面對挫折時更脆弱。**如果一直對未來抱持樂觀態度的話，萬一事情不順利，受到的打擊也會更大。

弟　子：如果總是覺得未來會很順利，很可能凡事就不會事前準備呢。

貓師父：事實上，**許多研究報告指出，長遠來看正向思考常常成為憂鬱的原因。**有

※11：紐約大學心理學家嘉貝麗．歐廷珍（Gabriele Oettingen）的研究（10）。以八十三名學生為實驗對象，請他們對於畢業後的職涯做出正面的想像。結果發現，對未來想像越是樂觀的學生，課堂出席率越低，成績越差，獲企業招募的次數較少，薪水也較低。

一項實驗指出，受試者被鼓勵採取正向思考後，只有在當下心情變好，一個月後反而憂鬱情形加重（※12）。不只如此，平常正向思考的人，長期下來陷入抑鬱狀態的機率更高，實驗七個月後仍可觀察到同樣情況。

弟　子：為了保持正面心態，結果導致生病，是本末倒置⋯⋯。

貓師父：說到底，負面思考並不是壞事。總是提前考慮最壞的狀況，就能對未來可能發生的問題預作準備，減少對未來的焦慮感，這並不算少見。這種心理被稱為「防衛性悲觀主義」，希臘羅馬時期的哲學家愛比克泰德及賽內卡都曾運用這種心理調適技術（※13）。

弟　子：確實如此，**負面思考的人比較會為未來做準備及努力。**

貓師父：商務領域也已經認識到「防衛性悲觀」的好處，有許多研究指出，推展新事業或計畫時，與其思考能否成功，不如先考慮「能夠承受多大的失敗？」如此一來，成功的機率會比較高（※14）。

弟　子：如果想要減低失敗的可能性，事前調查清楚確實是最好的應對方法。

貓師父：**但是，這並不是說「正向思考沒有意義」喔。我只是強調正向思考是有副**

作用的，如果沒有找到正確的使用頻率和方法，很可能招致慘痛失敗（※15）。

弟子：我經常聽到「想像自己大獲成功的模樣」、「保持樂觀正向地活下去吧」這類建議，如果盲目照做的話，很危險呢……。

※12：同樣來自紐約大學的研究。這次實驗募集六十七名學生，請所有人想像自己「向客戶提出擴充商業規模的提案」，並請學生為自己的擴張構想的樂觀程度評分，接著用十二種商業模式重複這項提案（11）。

※13：「防衛性悲觀主義」是衛斯理學院心理學家茱莉．諾雷姆（Julie Norem）所提倡的概念，指不論過去取得多好的成果，面對新目標時都採取較低期望值的認知策略。尤其對於容易感到不安的人來說，與其正向思考，採取防衛性悲觀的結果往往比較順利，有多項研究都證明這點（12）。

※14：由維吉尼亞大學商學院的薩拉斯．薩拉斯瓦蒂（Saras D. Sarasvathy）提出，名為「實效理論」（effectuation）的思考方式。這套理論以「未來無法預測」為前提，鼓勵事前思考最大損失的可能程度。研究團隊以成功的創業家為分析對象，從研究結果中發現並闡明出來這種思考方法（13）。

※15：事實上，有許多研究資料提到正向思考的好處，例如有報告指出「樂觀的人平均壽命比悲觀的人長六年」（14）。正向和負面思考各自有好處及壞處，因此無法輕易分出孰優孰劣。

「恆毅力」真的有助成功嗎？

貓師父：來談下一個主題吧。接著是**「堅持到底的力量」**的重要性。這也常被認為是成功不可或缺的能力，在商業類書籍中被稱為「恆毅力」（Grit），簡單來說就是不輕言放棄，持之以恆努力的能力。這個概念最初是賓州大學的安琪拉．達克沃斯（Angela Lee Duckworth）在探討「成功的關鍵」時提出的，結果蔚為話題。

弟　子：達克沃斯博士所寫的《恆毅力》也很有名。我記得一度有人說這是「決定人生各種成功的終極能力」。

貓師父：不過，根據最近的研究，所謂「恆毅力」的優勢似乎也逐漸遭到質疑。例如，有一項研究引用美國勞動部的資料，調查約八千人的恆毅力與智商，以及至今二十年間的成就。結果發現，**若以將來能夠提升收入為目標，智**

商的重要性比恆毅力高出十三倍（※16）。

弟　子：十三倍！這差距真大。

貓師父：最關鍵的是愛荷華州立大學所發表的研究資料（※17）。這份研究彙整了過去有關恆毅力的研究，蒐集了約七萬人的資料，可信度非常高。

弟　子：就是剛才也有提到的「統合分析」對吧。

貓師父：是的。簡單來說，這份研究的結論是，**恆毅力高低與學業成績幾乎沒有相關，就算恆毅力很高也只提升了3%的工作表現。**因此，研究團隊認為：「恆毅力並不如大家說得那麼重要，而且對於我們已知的知識也沒有任何幫助。」（※18）

※16：特拉維夫大學的研究（15）。除了經濟面的成功，學校成績與取得學位在這份研究中也算作成就的指標，最後得出的結論是，智力的重要性比恆毅力高出四十八到九十倍。此外，這份研究也特別提到一些關鍵能力，例如：「是否能夠使用比率或比例等數字進行推理？」「能否理解文章中各個段落的關聯及作用」。

※17：根據這份研究，恆毅力與學業成績的相關性只有〇・一八。若要提升學業成績，最重要的還是「認知功能的高低」、「如何建立學習習慣」（16）。

弟　子：這結論真是一針見血！

貓師父：其實達克沃斯博士也曾說過：「恆毅力的診斷測驗可信度還不夠高，現階段還無法活用在教育現場。」（※19）

弟　子：竟然連恆毅力的創造者都這樣說……。

「放棄」反而能讓人更幸福

貓師父：「堅持到底的力量」的問題不僅是重要性比不如想像。最近還有許多報告提到這項能力的負面作用。

弟　子：「努力」也有副作用嗎？

貓師父：最具代表性的是約翰霍普金斯大學等團隊的研究，該團隊針對五百名男性女性做問卷調查，調查受試者在日常生活中「努力」和「放棄」的次數何

※18：不過，另一份以六萬六千人的研究資料為對象所做的統合分析指出，恆毅力與主觀幸福感受的提升確實有相關（17）。恆毅力就算無助於學業成績與工作表現，對於想要追求幸福的人來說，或許仍有幫助。

※19：安琪拉．達克沃斯在審閱論文中親筆寫道。該份論文評述了各種心理學測驗方法的優點與極限，也有提到恆毅力的問題（18）。

者較多（※20）。

這樣表達或許有點難懂，舉例來說，假設你因為「最近肚子變胖了」而感到煩惱時，會選擇限制卡路里攝取以及運動減重的人，就屬於「努力」；選擇轉念「體脂肪稍微增加並不影響健康」的人，則屬於「放棄」。

弟　子：差別在於要努力解決問題，還是乾脆放棄。

貓師父：接著，團隊比對了這份問卷的結果與受試者的幸福感，結果非常有趣。選擇這兩種策略的人幸福感都很高，但是**越執著於「努力」的人，不幸福感就越強烈**。

弟　子：努力的人為什麼會感到不幸福呢？

貓師父：原因在於，**不論工作或私人領域，這世上有許多問題是一己之力無法控制的**。例如，因為客戶的失誤導致工作失敗，上司為不合理的事發脾氣等。由於問題都與他人有關，因此無論是要拚命幫客戶彌補錯誤，或是反擊上司，都很難改善情況。

弟　子：改變他人是很困難的。

貓師父：可是，如果能接受已經發生的事，就有餘裕去調整自己的心態。這麼一來，反而可以重新審視問題，比如詢問客戶「為了避免再發生同樣錯誤，是否有任何可以改進的地方」，或是思考「上司是不是遭遇什麼令人不悅的事」進而把精力投注在更具建設性的解決方向。從這點來看，**選擇「放棄」的人比較能夠柔軟地應對日常問題**。

弟　子：放下眼前的問題，確實能減少壓力。但是這樣並沒有解決問題的根源？

貓師父：也不一定。根據這項研究，**經常「放棄」的人更擅長解決問題**。接受困境的人，能夠冷靜看待眼前的狀況，相對較能理解他人立場，因此也比較善於解決人際關係問題。**「放棄」雖然給人消極的印象，實際上也可能成為有效手段，用更寬廣的視野重新檢視負面經驗**。

※20：研究中，參與者所使用的因應策略被稱為「初級控制」（Primary Control）與「次級控制」（Secondary Control）（19）。這是社會心理學的術語。「初級控制」是指在遇到困難時，試圖改變環境的類型，常見於歐美人；「次級控制」是指在遇到困難時，改變自己的認知以適應環境的類型，較常見於亞洲人。

弟　子：暫且放下眼前狀況，比較能夠客觀看待問題呢。

貓師父：此外，也有其他研究指出，不畏困難堅持到底的人，身體更容易累積壓力（※21）。也就是說，**重視「努力」的人，長遠來看，身體健康惡化的可能性較高。**

弟　子：確實有許多人因為太努力而搞壞身體。

貓師父：努力的態度並沒有不對，但太過強調反而會造成很大危害。越是認真的人，越應該好好了解「堅持到底的力量」的副作用喔。

努力一萬小時，任誰都能成為天才？

貓師父：最後，我們來討論**「練習究竟有多重要」**。我想問：「只要不斷練習，任何人都能交出一流的工作表現嗎？」

弟　子：這個嘛，我覺得練習是很重要的！雖然我不認為「持續訓練就一定能成為天才」，但練習的重要性已經獲得科學證明了。比如滿有名的「一萬小時法則」。

貓師父：這個想法來自佛羅里達州立大學的研究結果。該研究團隊針對世界級的出

※21：二〇二一年，加州大學等團隊以六百二十七名男女為對象進行調查。根據調查，對「人生首重努力」這句話認同感越高的人，身體的壓力反應也越強烈，長期下來導致身體健康狀況惡化的可能性也越高。這些負面影響對於經濟不充裕的人尤其嚴重（20）。

色音樂家與運動員做了三十年的追蹤調查，得出的結論是：「超一流的人都做了大量的徹底練習」（※22）。後來更有知名記者麥爾坎·葛拉威爾重新詮釋這項結論，並寫出「只要徹底練習一萬小時，任誰都能成為一流人才」這樣的金句（※23）。

弟　子：「努力一萬小時，任誰都能成為天才！」我很常聽到這種說法呢。既然是花了三十年得出的結論，答案多少應該有點可信度吧。

貓師父：很可惜，並沒有。**之後有其他研究對「一萬小時法則」提出了很多質疑。**

弟　子：咦？又是這種情況！

貓師父：最具代表性的是密西根州立大學所做的統合分析，研究團隊重新調查了職業西洋棋士與音樂家的研究資料。結果發現受試者的練習量與表現的相關性太過混亂，無法得出明確的結論。

弟　子：原來練習與表現之間，沒有明確的相關性嗎？

貓師父：大致如此。例如，以針對音樂家的研究為例，一名音樂家花了兩年學會的某種技巧，卻有人花了二十年才習得。換句話說，**這份調查發現了許多明**

明練習量很少卻成為一流的人（※24）。

弟　子：這樣的確很難說「天才是由練習量決定的」……。

貓師父：這項統合分析還揭曉了一項事實，那就是練習所發揮的影響比預期來得小。根據計算，**在精通某個領域所需的各種要素中，練習的重要性只占12％**（※25）。

弟　子：好低！

貓師父：不只如此，**另有一項針對小提琴家的研究，證實了高明的音樂家，練習量**

※22：佛羅里達州立大學的安德斯・艾瑞克森（Anders Ericsson）等人以小提琴家、鋼琴家為研究對象，得出以下結論：「個人最佳表現的差異，幾乎可以用過去和現在的練習量差距來解釋」，並主張表現優劣與個人天賦才能（遺傳素質）幾乎完全無關（21）。

※23：《異數：超凡與平凡的界線在哪裡？》（*Outliers: The Story of Success*）麥爾坎・葛拉威爾著。

※24：該研究還指出：「密集練習並不如一萬小時法則支持者所說得那麼重要」「關於專家能力的研究不該繼續聚焦在練習時間，而是應該把焦點轉向探討『還有哪些重要因素』」（22）。

※25：練習的重要性因領域而異，具體來說「競賽是百分之二十六」、「音樂是百分之二十一」、「學業是百分之四」、「專業領域工作是百分之一」。

有比平凡的音樂家還要少的傾向（※26）。

弟　子：我該相信一萬小時法則嗎……？

貓師父：練習的重要性尚未蓋棺論定。但可以確定的是，近年的相關研究調查都指出「練習量無法完全解釋表現的優劣」。而且，否定「一萬小時法則」的相關研究，整體來說研究品質都非常好。

弟　子：也就是說，**練習是有意義的，但是可能沒有那麼重要。**

貓師父：從統計上來看，練習的重要性無庸置疑。但是效果並不如「一萬小時法則」支持者所說得那樣誇張。**超一流的人和凡人的差距，無法只用練習量來解釋。**

努力一定有回報，只限於特定條件

弟　子：聽起來令人難過……「一萬小時法則」究竟是真是假？

貓師父：不用難過。目前為止我展示的研究資料，都沒有說「練習不重要」。實際上，**在特定條件下，練習的重要性會大幅提升。**

弟　子：所以說，某些情況下，練習還是有回報嗎？

貓師父：我來說明一下所需的條件。**第一，在已建立起訓練方法的領域中，練習容易有效果。**運動、數學、西洋棋等領域，都有一套雕琢打磨了數十年的經

※26：凱斯西儲大學等團隊以三十九位小提琴家為對象所做的調查（23）。這項調查是以安德斯．艾瑞克森於一九九三年所做的先行研究為範本，再次執行相同研究。得出的結論是，小提琴家的練習量對其技能的重要性僅占百分之二十六（一九九三年的研究結論是「練習所占的重要性是百分之四十八」）。

典訓練方法，對吧？在這些領域中，只要有練習就容易提升表現。

弟　子：沒有確立訓練方法的領域，練習的效果就不明顯啊。

貓師父：第二，剛開始練習的時候，務必請擁有該領域專業知識的教練來指導。如果沒有能夠傳授正確練習方法的前輩，練習就很難發揮效果。

弟　子：運動和西洋棋也符合這點呢。

貓師父：總而言之，「一萬小時法則」在尚未確立訓練方法的領域中，是很難發揮作用的。因為這類領域本來就沒有累積徹底的練習。

弟　子：這樣說來，除了運動、西洋棋或數學這些傳統、學問很深的領域之外，練習就很難得到回報。

貓師父：尤其是現代社會變遷快速，我們常常需要跳脫既有規則，或者需要面對很多短短數年前都還不存在的問題。

舉例來說，如果你突然被主管指派在影音平台上做行銷，或是要處理社群媒體的風險管理等等，這些問題在十幾年前都是不存在的。自然也沒有相應的訓練方法，因此「一萬小時法則」很難發揮作用。

弟　子：這樣說起來，**「一萬小時法則」對大多數人都不適用呢……。**

貓師父：沒錯。在各個領域中，針對基礎部分通常都有明確的訓練方法，但是一旦進入進階程度，大部分就沒有標準的做法了。

弟　子：那麼，既然練習的重要性只占12％，那表示剩下88％都是依賴天賦才能？果然天賦還是比努力重要？

貓師父：不是的。目前提到的研究都不是在比較天賦才能與練習的影響差異。而是說，**能夠發揮高表現的人，除了練習以外，「其他關鍵要素」占了88％。**

弟　子：喔！那麼只要弄清楚那88％包含什麼，就能揭開優秀表現的祕密？「其他關鍵要素」究竟是什麼呢？

貓師父：不知道。

弟　子：咦……。

貓師父：**「其他關鍵要素」多不勝數，沒有人知道最具影響力的是什麼要素。**具體來說「身體特徵」「性格」「智商」「想像力」「動力」「運氣」都包含在內，但在所有足以影響我們表現的要素，以上這些也只占了一小部分。

弟　子：**讓人成為超一流人才的能力有無限多種啊……。**

貓師父：而且每種因素都會和遺傳、環境交互作用，彼此互相影響。**要從中區分出練習與天賦才能的重要程度，就好比要從煮成糊狀的蔬菜湯中還原出食材的原本樣貌。**

弟　子：也就是說，現實上是不可能做到的。我聽完後，總覺得努力好像沒有意義。練習也不會提升表現，勤奮堅持到底也沒多大影響，再怎麼加油不也是白費力氣嗎？

貓師父：不是這樣的。從目前的研究資料來看，**如果是為了「超越過去的自己」，努力是有意義的。**

弟　子：這是什麼意思？

貓師父：雖然我們剛才否定了「一萬小時法則」，但前面提到的研究都只說明了「特定團體內的技能差異，無法只用練習量來解釋」。也就是說，重點是團體內能力的分布差異。

弟　子：嗯，我聽不太懂……。

貓師父：例如說，你努力的目的是為了「贏過別人」或「提升在公司的表現」，但實際上能否獲得回報是完全無法預測的。因為你要和群體競爭。

弟　子：的確，每個領域都有人怎麼努力也無法超越。

貓師父：可是，換個角度來看，每一份研究資料都顯示練習會提高個人的表現。**如果你的目的不是為了贏過他人，而是「為了超越過去的自己」，那努力一定會有所回報。**

弟　子：明白了，以後我會用這樣的角度去思考「練習的重要性」……。

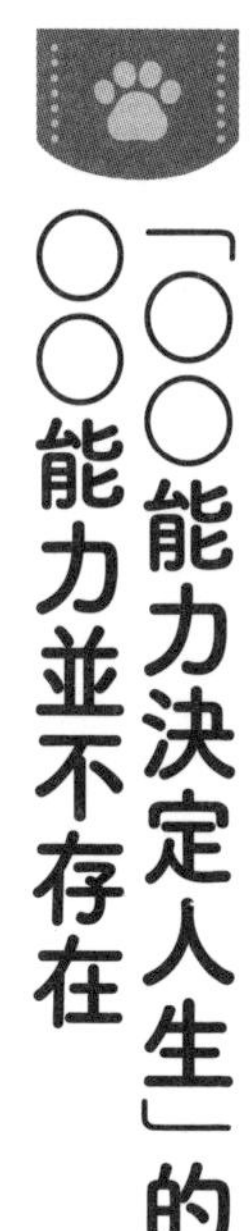

「〇〇能力決定人生」的〇〇能力並不存在

貓師父：我來總結一下吧。。這一章的重點有兩個：

❶沒有任何能力能夠保證人生成功

❷影響人生成功的關鍵因素有無數種

首先，最重要的是，目前為止尚未發現任何一種能力，能夠對人生成功產生決定性的影響。正如前文已多次解釋的，許多備受重視的能力，實際上並沒有那麼大的影響力，有時甚至會帶來負面效果。

弟子：但是，我還是會忍不住被「人生由〇〇決定！」這類的說法吸引。而且聽到這些論點時，我會覺得：「原來這就是成功的祕訣！」然後精神一振，

變得更有動力。

貓師父：的確，每隔一陣子，「決定人生成功的能力」的相關研究就會在學界出現並掀起熱潮。其中不乏知名學者提出的概念，還有扎實的研究資料做後盾，許多論述都極具說服力。

然而，每一次熱潮都沒有持續很久，總是有新的實驗顯示「某項能力其實沒有重大影響」，狂熱隨之冷卻，這幾乎已成為固定的模式。最後，**大多會以「人生成功與否，與各式各樣的能力有關，無法單以其中一種論定」這類結論收尾。**

弟　子：為什麼這種情況一再發生呢？

貓師父：沒辦法，因為人這種生物就是渴望單純的解答，所以如果你說出「影響人生成功的因素非常複雜、不一而足」這樣的真話，往往沒有人願意聽。

弟　子：沒錯。

貓師父：人生的成功無法以一種能力論定。如果大家沒有體認這項事實，總是沉迷於「有自信就能做到！」「因為我太負面了，所以才會失敗……」這類論點，導致心情起伏不定，這實在毫無意義。就如同我再三強調的，不如思考如何將自己的特質運用在正確的地方，才是對自己有助益的做法。

弟　子：我會注意不再盲目追逐流行的說法！

成功不一定需要具備高情商？

貓師父：既然談到智商（IQ），我們也順便來聊聊情商（EQ）吧。情商的全稱是「情緒智慧商數」（Emotional Intelligence Quotient），情商高的人善於控制自己的情緒，也較能同理他人的情感。

弟　子：智商的數字代表頭腦聰明的程度，那情商就是用數字表示和他人良好相處的能力……是這樣嗎？

貓師父：簡單來說就是如此。「情商」最早是由耶魯大學的研究團隊於一九九〇年代提出的，該團隊指出：「成功的商務人士無一例外都擁有很高的情商。」在那之後，相關研究持續進行，甚至開始有經營學者說，工作上的成功，有90%要歸功於情商（※27）。

弟　子：如果是頂尖學府耶魯提出的，應該不會錯吧……。

貓師父：可是呢，在這之後陸續有相關研究開始質疑情商的重要性。有一項針對數百名業務員的研究，調查了所有受試者的智商與情商，並與其銷售成績作比較。結果發現，高情商的人不一定工作表現就比較好，倒是智商高的人業績都比較好（※28）。

弟　子：剛才智商被批評得體無完膚，結果情商的影響力還更低啊……。

貓師父：伊利諾大學做了一項很有名的統合分析，提出更具說服力的數據。什麼是統合分析，我想你應該已經知道了吧？

弟　子：是的。就是蒐集很多份研究資料，因此得出結論可信度較高的研究方法，對吧。

貓師父：根據這項研究，情商與工作成績的相關性只有1％，而智商的相關性卻有14％左右（※29）。

弟　子：嗯嗯，又是智商完勝。

貓師父：這並不是說情商完全不具價值，而是隨著研究數量的累積，其重要性確實持續降低。如果說情商是成功必不可缺的才能，恐怕有些牽強。

※27：以領導理論聞名的經營學者華倫．班尼斯（Warren Bennis）所提出的看法（24）。班尼斯認為情商比智商及專業知識更加重要，在決定工作能否成功的因素中，占百分之八十五到九十的重要性。

※28：賓州大學的團隊於二〇一三年做了一項研究，調查數百位商務人士的情商、智商，與其銷售成績作比較。結果發現情商高低與工作成績並無相關，反倒是智商與業務成績有明顯的相關性（25）。

※29：伊利諾大學等團隊於二〇一〇年所做的研究（26）。蒐集了數十份情商與智商是否影響工作表現的實驗研究資料，針對一百九十一種不同職業做調查。

「成長型思維」是成功必須的能力？

貓師父：和正向思考類似的概念是「成長型思維」，這也是很多人都聽過的概念。這是史丹佛大學的卡蘿．杜維克（Carol S. Dweck）花費三十年研究提出來的概念，意思是「相信『只要努力就能做到』的人更可能成功」。根據杜維克等人的研究，相信「自己能夠改變結果」的人，在讀書和工作上都會展現更強烈的意志，因此往往在學校及職場的表現都比較好。

弟　子：如果這項理論有這麼長的研究歷史，應該表示這個概念是有效的吧？比起認為「自己什麼都不行」，「只要努力就能做到」的思考方式也比較能夠提高動力。

貓師父：話說回來，最近有不少研究案例否定這種思維喔。比如說，密西根州立大學做過一項知名的統合分析，該團隊蒐集了三十七萬名受試者過去的研究資料，重新調查這種思維是否確實幫助提升了學業成績(27)。在成長型思維的研究中，這是規模最大的統合分析了。

弟　子：畢竟蒐集了三十七萬人的資料啊。

貓師父：簡單來說，成長型思維的效果量只有0．08而已。

弟　子：效果量是什麼？

貓師父：效果量（effect size）就是把成長型思維究竟幫助提升了多少學業成績，用量化的數值呈現。一般來說，0．1到0．2分是「有意義」的效果量，所以0．08幾乎可以解讀為「幾乎不具意義」。

弟　子：原來如此……。

貓師父：還有其他更不利的研究喔。二〇二〇年有一項統合分析，集結了六十三份關於成長型思維的研究資料，指出其中超過一半的實驗都犯了一個以上的謬誤。該分析的結論是：過去研究所闡明的成長型思維效果，很多是實驗錯誤所致(28)。

弟　子：真是嚴厲的批評。

貓師父：這不表示成長型思維毫無意義，只能說效果相當有限而已（※30）。

弟　子：看來，世人普遍熟知的概念，也不一定就有顯著的效果呢。

※30：不過，成長型思維並非一面地遭到否定。北卡羅萊納州立大學等的研究團隊所發表的統合分析，總結了五十三份相關研究，得出的結果是「有學生因為接受成長型思維訓練而提升學業成績」(29)。然而，也有報告指出，有人接受相同訓練後反而成績退步，所以說，成長型思維的效果會視特定條件而變。

問題篇

3

為什麼「出身」無法決定人生？

~「照亮未來的燈塔」~

遺傳真的會決定人生嗎？

貓師父：許多人無法發揮才能的第三個原因是，**「認為人生是由『出身』決定的」**。也就是說，這些人認為，我們能夠發揮哪些能力，在出生的時候就已經決定了。

弟　子：確實很常聽到「人生是由遺傳決定的」「如果生來沒有天賦，就算努力也沒用」。不過，我也有聽過「人生有50％是由遺傳決定的，剩下的靠努力，所以還是有希望」這種說法。

貓師父：沒錯。近年來，由於遺傳學研究的進步，開始經常聽到這類說法。

弟　子：遺傳對人生有那麼重要嗎？

貓師父：當然，我們的智力高低、個性好壞，甚至成年後的收入多寡等等，各方面都受遺傳影響。

弟　子：收入也是嗎？

貓師父：舉出具體數字的話，成人的智力有66％受遺傳影響、個性大約50％、收入則約36％（※1）。

弟　子：這麼高！果然人生是由遺傳決定的！努力根本沒用！世界太殘酷了！

貓師父：事情不是這樣的。

弟　子：咦？可是您剛用數字證明了遺傳的恐怖影響力呀？

貓師父：你再仔細思考一下，我剛才提到的數字是所謂的**「遺傳率（heritability）」**，你知道這些數字實際上是什麼意思嗎？

弟　子：就是在說明「遺傳的影響力」高低，對吧？

貓師父：沒錯。例如，目前研究認為「身高有80％取決於遺傳」。在這個例子裡，你認為遺傳到底決定了什麼？

弟　子：這應該是指，如果父母身高很高，孩子也有80％的機率身高很高？

※1：副島(1972)、Loehlin & Nichols (1976)、Sullvan, Kendler & Neale (2003)等。（1、2、3）

貓師父：錯！這是最常見的誤解。

弟　子：很高的父母親會生下很高的小孩，不都是這樣嗎？

貓師父：也不完全是。例如說，有一項研究蒐集了大量的親子兩代身高統計資料，來調查父母與孩子身高的相關性。

弟　子：沒有研究基因嗎？

貓師父：是的。因為我們想要探究的是，「身高很高的父母，是否真的比較容易生出身高很高的孩子」所以與其大費周章檢驗基因，直接比較身高比較容易。

弟　子：這麼說好像也有道理。

貓師父：調查結果是，父母與孩子身高的相關性是「r＝0.47」（※2）。

弟　子：請您用更簡單的方式說明……。

貓師父：簡單來說，父母的身高只能預測孩子身高的約22％。

弟　子：22％？剛才不是說遺傳決定80％嗎？

貓師父：**遺傳的影響確實有80％沒錯。但是就算從雙親的身高來推測，也只能預測**

約22%。

弟　子：我越來越混亂了。除了身高以外，其他方面也是這樣嗎？比如頭腦的聰明程度。

貓師父：「頭腦的聰明程度」定義很模糊，所以我們用智商來討論吧。根據多數研究，智商的遺傳率是70%左右（※3）。

弟　子：我好像在書上讀過「智力幾乎完全由遺傳決定」。

貓師父：然而，就像剛才提到的，研究人員統計、比較多組親子的智商後，發現事實並非如此。高智商的雙親是否生下高智商的孩子，只能夠準確預測9～16%。父母的智商與孩子的智商的相關係數只有0・3到0・4，這個數字與身高的相關係數差不多，甚至更低一些（※4）。

※2：新堡大學等的研究，調查父母身高的實際分布狀態，與孩子的身高的相關性（4）。將四百九十一位八到九歲孩童的身高與雙親的身高平均值做比較，檢視所有組別的標準差。

※3：早期的雙胞胎研究以成人為對象，調查出智商的遺傳率介於百分之五十七到七十三（5）。但是近年也有研究得出智商遺傳率為百分之八十（6）。

弟　子：**智商的相關係數比身高還要低啊。那麼，即使父母不擅長學習，也不代表孩子沒有希望。**

貓師父：說得沒錯。既然預測的準確度這麼低，從雙親的能力來預測孩子的潛力實在沒有意義。

弟　子：等等，那麼「遺傳率」到底是什麼意思？

「遺傳率」的真正意義

貓師父：我們再來思考一下「遺傳決定人生」這句話的意思吧。當我們說「遺傳的影響有70%」時，該如何理解這個數字代表的意義？

弟　子：例如數學考試拿了一百分，其中七十分是因為遺傳影響，另外三十分是靠努力得來，這樣對嗎？但是根據剛才的討論，遺傳率不是指和父母的相關性。

貓師父：噗！這是第二常見的錯誤回答。

弟　子：又錯了啊……。

※4：調查了兩千兩百〇二組親子後得出的結果是，父母的智商與孩子的智商的相關係數介於〇・三到〇・四（7）。

貓師父：**「遺傳率」是表達群體「差異程度」的數字，而不是用來判斷個體的數字。**

弟　子：這是什麼意思？

貓師父：為了讓你更明白，我們用一位身高兩百公分的男性作例子來說明吧。

弟　子：好高啊。

貓師父：那麼，你認為這位男性的身高，是由上半身決定，還是下半身？

弟　子：好奇怪的問題。每個人都不一樣吧。如果上身比較長，就是上半身；如果腿比較長，就是下半身。

貓師父：那這個人的腿是長是短，要怎麼判斷？

弟　子：只能跟別人比較吧。**看過不同的人之後，才能判斷「這個人的腿是否很長」。**

貓師父：沒錯。也就是說，如果只看一個人，是沒辦法判斷他是軀幹長還是腿長的。我們能夠判斷眼前的人「腿很長」，是因為在腦海中和其他人比較過了。這樣說沒錯吧。

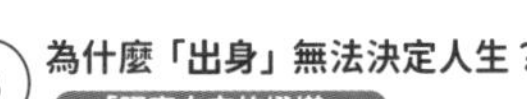

弟　子：沒錯。

貓師父：那麼，接下來我們集合十位身高很高的人。所有人的上半身長度都是一百二十公分，下半身則是六十公分到八十公分不等。這樣的話，這十人的身高是由上半身還是下半身決定呢？

弟　子：當然是下半身。因為上半身一樣高啊。

貓師父：是的，**這裡的身高完全是由下半身決定的，所以可以說「下半身率」是百分之百。**

弟　子：沒錯。

貓師父：那麼，另外再集合十位身高很高的人，假設這次所有人不論上半身或下半身，都是六十公分到八十公分不等，那這次的「下半身率」會是多少呢？

弟　子：如果上下半身差異相同的話，對身高的影響分別都是50%吧。所以下半身率就是50%，對嗎？

貓師父：正確答案。我想你應該也發現了，遺傳率的計算方式，和我們現在的討論有相似之處。

◎「遺傳率」是和周圍的人比較來決定的

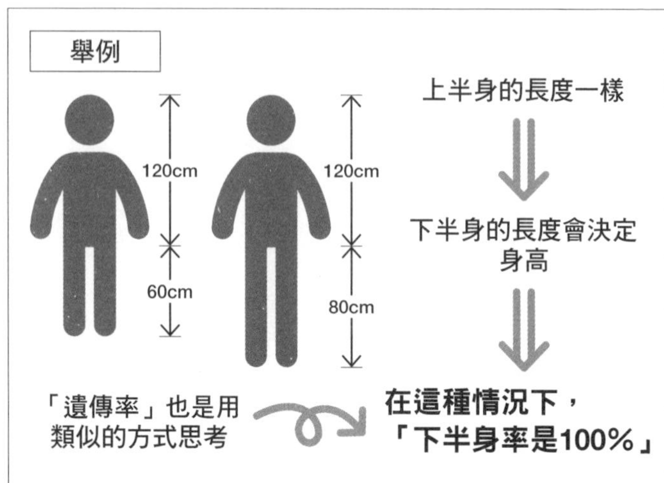

弟　子：我大概明白了。**就是比較群體內的差異程度，再來判斷遺傳和哪一項環境因素的影響比較強。**

貓師父：嚴格來說不完全正確，但大致上是這樣子沒錯。再舉一個例子，假使上半身長度介於六十公分到八十公分，下半身長度介於六十五公分到七十五公分，那麼，上半身率就是約67%，而下半身率則是約33%。

弟　子：上半身的差異程度是二十公分，下半身的差異程度是十公分，兩者比例就是2：1。

貓師父：看來你抓住重點了呢。

弟　子：嗯？**這不就表示，遺傳率取決於資料蒐集的方式嗎？既然是和周圍的人比較來決定的，那比較的對象不就很重要嗎？**

貓師父：你是不是以為遺傳率是「固定不變的數字」？

弟　子：對呀。我以為「智商的遺傳率是70％」這種說法，無論在什麼場合，都是不會改變的。

貓師父：才不是呢。**依照研究方法不同，遺傳率經常在改變。**

弟　子：欸？

人生有九成由基因決定，但是……

貓師父：剛才我們提到，智商的遺傳率大約是70％。但是呢，根據某項調查，發現有一類人的智商遺傳率是零（※5）。你知道是哪些人嗎？

弟　子：零！也就是，智商完全由環境決定囉？

貓師父：沒錯，而且不論智力高低，這些人的人生完全不受與生俱來的基因影響。

弟　子：為什麼會這樣呢？

貓師父：答案是，**「受貧困所苦的人」**。成長在貧困環境中的人，智商的遺傳率會降低。你知道為什麼嗎？

弟　子：呃，我不知道……。

貓師父：仔細想想。對於貧困的人來說，只要收入稍微改善，生活就會大大不同。只要收入稍微增加，就能吃到更營養的食物、得到更好的教育。

弟　子：原來如此！因為環境變化的影響很大，遺傳率就會下降！

貓師父：沒錯。**智商高低本來就不是只取決於遺傳，營養、教育等外部因素的影響也很大。**貧困的人只要收入有變動，生活方式就會大幅改變，因此智商的影響程度也會劇烈變化。當環境的影響力非常巨大時，相對地遺傳的影響力就會很低。

弟　子：在最極端的情況下，遺傳率甚至會降到零啊！

貓師父：講到這裡，我來出題給你猜猜。如果只研究哈佛和牛津這種超級名校的學生，他們的智商遺傳率會是多少呢？

※5：維吉尼亞大學等機構針對七歲雙胞胎樣本進行智商分數分析。結果顯示，貧困程度越高的人，智商的遺傳率越接近0%；相反地，在富裕家庭成長的孩子，智商的遺傳率則達到60%～70%（8）。

※6：順帶一提，根據杜克大學等機構的調查，哈佛大學的白人學生中有43%屬於以下其中一類：運動員、大學相關人士、父母有捐款給學校，或是教職員的子女（9）。顯然，如果這些學生的父母不富裕或與哈佛大學沒有人脈關係，或者學生本身不是運動員，他們很可能會落榜。從這一點來看，哈佛大學的「遺傳率」或許比想像中要低。

弟　子：超級名校學生的成長環境應該都很相似吧。他們可能幾乎都是出身上流階層，受到良好教育（※6）。這樣的話，遺傳率應該會高於70％。

貓師父：沒錯。雖然目前還沒有人專門研究哈佛、牛津大學學生的遺傳率，但許多學者專家推測，這些名校學生的智商遺傳率應該高達90％以上。

弟　子：**名門學校學生因為成長環境相似，所以勝敗的關鍵很可能在於遺傳，這樣想沒錯吧？**

貓師父：就是這樣。**成長環境差異不大時，天生的智商差距就比較容易表現出來。**

弟　子：原來如此。

貓師父：這些關於智商的案例都是極端情形，但是道理可以套用到各種特質上。舉例來說，如果研究身高的遺傳率，比較有錢人群體及貧富差異大群體的結果會發現，富裕人群的身高受遺傳影響較大。

弟　子：因為富裕人群的飲食營養都很豐富、運動量也充分，環境條件很相似呢。

貓師父：沒錯。當環境影響相似時，遺傳影響就會顯得更大。也就是說，**探討遺傳的影響力時，會取決於周遭的群體，如果比較對象不同，結果也會很不一**

◎遺傳率取決於「對哪個群體進行調查」

有錢人群體

飲食、運動……
環境相似

「遺傳」決定差異

遺傳率高

貧富差距大的
群體

飲食、運動……
環境各不相同

「遺傳以外的因素」決定差異

遺傳率低

樣。

弟　子：**如果只看遺傳率就大驚小怪，實在沒有任何意義。**

貓師父：是的，除非你是要在哈佛大學競爭，那就另當別論了。

弟　子：這麼說來，遺傳度能夠告訴我們的事，其實出乎意料地少。

貓師父：沒錯。我再重申一次，**如果只看遺傳率，我們只能知道特定群體內的某項能力的分布差異。換句話說，遺傳率完全無法回答「我具備什麼樣的特殊能力？」這樣的問題。**

弟　子：也就是說，遺傳率無法告訴我

們「我天生聰明嗎？」或「變聰明需要付出多少努力？」對吧？

貓師父：沒錯。比如說，頭髮顏色的遺傳率雖然逼近百分之百，但染髮就能輕易改變髮色。所以，遺傳率高並不代表努力無用。

弟　子：可是，我明明聽遺傳學專家說過「人生有九成由基因決定」。這是騙人的嗎？

貓師父：不是。「人生有九成由基因決定」的意思是，我們的特質與行動方式有九成來自遺傳基礎。人的身體與個性等等，所有東西都是以基因為藍圖創造出來的，這再理所當然不過了。**但「人生有九成由基因決定」並不代表「人生的九成由遺傳決定，努力只占一成」**。

弟　子：原來是這個意思！那我就放心了……。

◎過分執著於遺傳率是沒有意義的

「身高有80%是由遺傳決定」

父母的身高都很高的話，孩子有80%的機率會很高

錯誤!!

「智商有70%是由遺傳決定」

考試拿到100分，其中70分是遺傳的影響，剩下30分才是努力的結果

錯誤!!

遺傳率會因為所在的群體不同，
經常改變

（參考P.112、117圖）

即使遺傳率很高，
也不代表努力沒有意義！

遺傳基因無法決定能力與個性

貓師父：更進一步說，「遺傳決定人生」這種想法還有一個更大的問題——**就算遺傳真的能決定人生，我們也無法知道自己被賦予什麼能力。**

弟　子：難道基因檢測不行嗎？

貓師父：基因檢測無法看出天賦才能。

弟　子：咦，可是我有時候會看到一些新聞說「發現了決定智力的基因」或是「找到形塑個性的基因」。

貓師父：的確，科技新聞很常發布這類報導。過去也曾有報導指出「有決定身高的基因」、「決定早睡早起的基因」等等，甚至還有「幾歲發生初次性經驗有25％由基因決定」這種新聞（※7）。

弟　子：連幾歲發生初次性經驗都由基因決定？如果基因檢測連這種事都能測出

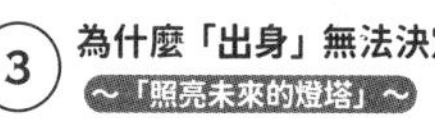

來，那應該也能測出天賦才能吧？

貓師父：不，這種新聞通常只是暫時挑起話題，接下來很快就會無聲無息。**直到目前為止，人類都仍未發現能明確決定能力與個性的遺傳基因。**

弟　子：這和剛才提到的「○○決定人生」的話題很像呢。

貓師父：沒錯。根據近年來的研究，決定能力的基因可能有數十種到數百種以上。既然有那麼多種基因，其中每種基因單獨的作用自然就不明顯。

弟　子：所以，沒有任何能力是由單一基因決定的，對吧？

貓師父：是的。舉例來說，**雖然身高有80％由遺傳決定，但並不存在「有了這項基因就會長高」這種單一基因。**與身高相關的基因有將近二十種，每種基因如何各自組合，決定了我們的身高。而且，**儘管找到了所有影響身高的基**

※7：劍橋大學一項研究中，分析十二萬五千名受試者的DNA，得知有三十八種基因會影響人的「初次性經驗發生年齡」（10）。這些基因主要是控制性賀爾蒙的分泌量以及第二性徵發育期，與初次性經驗相關的遺傳率是百分之二十五。

因，也只能解釋3～10％的遺傳影響。

弟　子：沒想到比率這麼低。

貓師父：連身高這種簡單的性狀都有這種狀況，**更複雜的特質如智力、個性等等，就更不可能判斷遺傳在其中的影響力。**

弟　子：現實上確實是不太可能。

貓師父：有位遺傳學專家說過，「要預測某人是否有宗教信仰，與其檢測基因，不如直接了解他是不是住在德州更有幫助」（※8）。畢竟德州有將近八成人口都是基督教徒。

弟　子：到頭來，比起研究遺傳，調查環境因素更可靠……。

後天的努力會改變基因的影響力

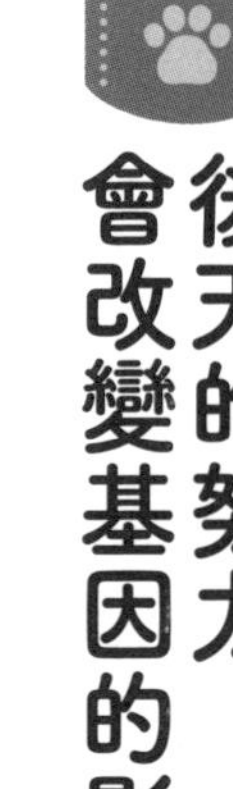

貓師父：看過這麼多研究案例後，我們現在知道，執著於用遺傳率來發掘自己的天賦才能是沒有意義的，因為遺傳率無法用來衡量個人的能力。此外，還有一件很重要的事，那就是**基因的影響力能夠靠後天的努力來改變。**

弟　子：努力能夠改變基因的影響力嗎？

貓師父：沒錯。因為有些基因會被啟動，有些則不會，而每種基因啟動與否都會受到環境影響。**無論是人類的基因，還是我們貓類的基因，都會依據每天的生存經驗切換啟動開關。**

※8：出自倫敦國王學院的遺傳流行病學家提姆．史佩克特（Timothy Spector）（11）。

舉例來說，有一項針對救護人員的ＤＮＡ所做的研究顯示，經常遇到不愉快事情的人，影響他們心理狀態的基因啟動開關會發生變化。這些人會變得更容易受負面情緒所苦（※9）。

弟　子：原來壓力會改變基因的運作啊。

貓師父：許多人都知道，心理負擔會影響基因啟動開關。例如，曾經有一些研究調查被捲入大型犯罪而承受心理創傷的人，發現他們的基因啟動開關發生改變，變得更容易得到憂鬱症、恐慌症等。

弟　子：遭遇到不愉快的事情，導致基因朝壞的方向變化，這樣對他們似乎不太公平……。

貓師父：不過呢，這類研究也告訴我們事情還有希望。承受巨大壓力的人也可能因為擁有好的朋友、獲得良好溝通，免於遭受壓力的負面影響，基因的啟動開關甚至有可能往好的方向變化，

弟　子：原來也可以啟動「好的基因開關」呀！

貓師父：除此之外，只要運動，就能啟動讓肌肉、骨骼良好發展的基因開關，只要

飲食健康，也能啟動讓細胞變年輕的開關。

弟　子：**只要努力維持良好的生活習慣，就能夠從基因層面改變自我呢！**

貓師父：沒錯。我們可以透過做出不同的選擇，來啟動好的基因、關閉壞的基因。

弟　子：所以，就算是基因，也不能決定命運。

貓師父：打個比方，我們的基因就像是「窗光藝術」一樣。

弟　子：是指那種反覆開關大樓電燈，用窗戶的明暗拼出文字或圖案的藝術效果，對嗎？

貓師父：對。想像一下，你正在做窗光藝術，需要點亮某些房間、熄滅其他房間的燈。透過不同的組合，讓大樓窗戶浮現文字或圖畫。

弟　子：聖誕節或過年的時候，會看到這類創作出現在某些高樓呢。

貓師父：基因的運作方式和這些窗光藝術有些相似。**我們從父母親繼承了各種基**

※9：昆士蘭科技大學等機構的調查結果，收集了澳洲40名急救醫護人員的樣本，並在他們經歷重大壓力事件的前後，透過唾液樣本進行DNA檢測（12）。

◎啟動不同的基因開關組合，會帶來完全不同的結果！

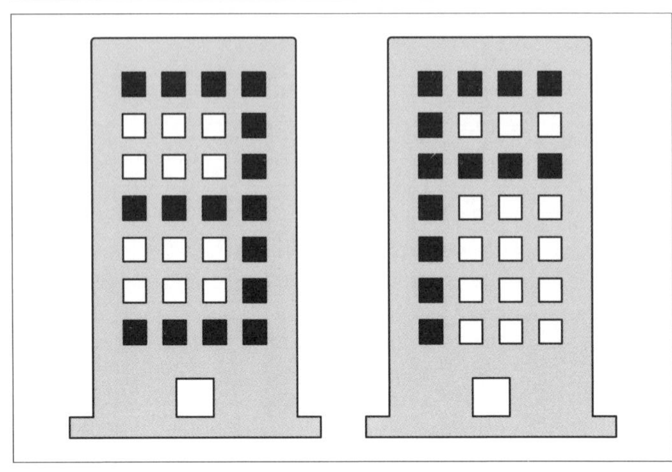

因，但是我們不會一次全部啟用，而是依據環境變化，來開啟或關閉不同基因的啟動開關。

所以，就算兩個人擁有完全相同的基因，也可能因為生長環境相異而成為兩個完全不同的人。

弟子：就算在同一棟大樓做窗光藝術，只要點亮不同房間，就可以表現不同的文字呢！

即使擁有幾乎相同的基因，也可能成長為完全不同的人

貓師父：事實上，近年的研究發現，**就算是擁有相同基因的兩個人，在相異的環境中成長，也可能成為兩個截然不同的人。**不少針對同卵雙胞胎所做的調查也顯示，在不同環境下成長，成年後的個性與能力都有所不同。

弟　子：哇！我還以為同卵雙胞胎會幾乎一模一樣呢。

貓師父：的確，有不少雙胞胎彼此幾乎一模一樣。以超過八百對雙胞胎為對象所做的研究也顯示，同卵雙胞胎彼此個性相似的機率是異卵雙胞胎的兩倍，可

※10：愛丁堡大學的研究，分析了超過八百組同卵雙胞胎與異卵雙胞胎，調查遺傳與養育，何者對人生成功的影響力最大。研究發現，在自制力、社會化、學習能力、目標意識等方面，同卵雙胞胎的相似程度會大於異卵雙胞胎（13）。

見遺傳的影響力不容置疑（※10）。

弟　子：差了整整一倍，這差距真大。

貓師父：然而，這主要是因為他們成長在完全相同的環境中，如果一生下來就在不同環境成長的話，情況就完全不同了。有研究分析了在不同國家成長的同卵雙胞胎，結果發現成長環境的文化差異越大，兩人的智商差距也越大，甚至有報告顯示出差距高達二十分。這是因為即使基因完全相同，環境不同便會造成如此巨大的差異（※11）。

弟　子：二十分的差距有多大呢？

貓師父：非常粗略地計算的話，整晚熬夜未眠的頭腦做出的智商檢測結果會比平常低十五到二十分左右。

弟　子：這差距真的不小……。

貓師父：個性也有一樣的情形。一般來說，同卵雙胞胎在年幼時往往個性和興趣都很相似，但隨著年齡增長，他們會發展出不同的個性，感興趣的事物也逐漸不同（※12），**原因可能包括雙親的養育方式、學校教育、人際關係等。**

這些因素都會啟動或關閉不同的基因。

弟　子：後天的行為可以改變基因的影響力，真的很不可思議！我可以理解為「靠著努力就能拓展天賦才能」嗎？

貓師父：這點無法直接斷定。因為我們很難在人類身上做基因實驗，所以無法進行這類研究。關於基因啟動關閉的切換機制，目前知道的細節還不多。

弟　子：做人體實驗研究基因變化，確實會引發不小的問題呢。

貓師父：不過，根據目前為止的觀察數據，幾乎可以肯定後天的努力能夠讓基因的影響朝好的方向改變。為了善加利用天生的基因潛能，努力是不可或缺的。

※11：加州州立大學的團隊調查了住在不同國家的同卵雙胞胎，發現在環境差異最大的同卵雙胞胎中，兩人的智力相差二十分（14）。

※12：同樣來自加州州立大學的調查，以在不同國家成長的韓國裔同卵雙胞胎為研究對象，發現孩提時代的學業成績、空間概念、視覺能力、記憶力等都非常顯著地相似。另一方面，在社會化能力、個性方面的某些指標，以及自尊心高低上，則有相當大的落差（15）。

弟　子：也就是說，自己的能力並不是完全由父母的基因決定。

貓師父：沒錯。**就算一開始拿著一手爛牌，但只要懂得如何出牌，也有可能勝出。同樣地，人在某種程度上是可以自己決定要啟動哪些天生的基因。**

弟　子：聽完這些，我稍微燃起希望了！

「出身」無法決定人生

貓師父：總而言之，我們可以用一句話來總結目前為止討論過的重點，那就是——

◎遺傳率無助於我們認識自己的天賦才能。

針對遺傳與環境所做的研究，終究只是調查特定群體內出現個體差異的原

因。即使得知了遺傳率，也無法解答「我擁有哪些天賦才能？」以及「我在哪些方面比其他人出色？」這類疑問。因此，如果有人哀嘆「人生根本就像是隨機的基因扭蛋機」，這種抱怨其實毫無意義（※13）。

弟　子：每個人的能力確實受到遺傳影響，但不應該因此就對人生感到悲觀，是這樣嗎？

貓師父：是的。因為我們根本無法判斷「這項能力是由遺傳還是環境決定的」。**如果一味相信「遺傳決定人的能力」，因此認為「人生很殘酷」，這就好像看著身高數字，心想「體重完全沒減少，所以減肥根本沒用」一樣荒謬。**

弟　子：的確很荒謬。

貓師父：身高增加，體重本來就可能會有一定程度增加。即便如此，用身高來判斷減肥成效，還是很奇怪的吧？

※13：行為遺傳學的研究可以顯示哪些能力在群體內較難存續。因此，當政府要介入廣大國民的生活時，這門學問就能夠發揮作用。

弟　子：「人生由遺傳決定」的說法，就等於是用同樣錯誤的標準來判斷人生，對吧？

貓師父：沒錯。

弟　子：但很少聽到有人說這是錯誤的判斷基準呢。

貓師父：因為對某些人來說，聽到「一切由遺傳決定」、「成功的關鍵是出身」，會讓他們鬆一口氣。例如，意志消沉的人可能原本在懷疑「人生不順利是我的錯嗎？」「失敗是因為我不夠努力嗎？」，他們聽到「人生由遺傳決定」時可能會感到解脫。這類人比較容易支持「人生很殘酷」這種觀點。

弟　子：如果聽到是遺傳造成不好的結果，確實能減輕心理壓力。

貓師父：但是，如果過分強調遺傳的影響，反而可能讓人失去改善人生的動力。**一旦陷入「反正由遺傳決定，放棄吧」或者「人生無法改變」的思考，一切就都結束了。**

弟　子：「放棄的話，比賽就結束了」，對吧？

貓師父：在運動裡，放棄頂多是輸掉一場比賽罷了。但是如果在現實中放棄了，未

來還是有漫漫長日要過。

弟　子：嗚……。

貓師父：總而言之，**「人生由出身決定」的想法是錯的，而且還會帶來許多害處。**

弟　子：但是，總有些人會讓人不禁覺得，這傢伙果然「有天賦」啊……比如活躍於世界舞台的職業運動選手、藝人。看到這些很厲害的人，我不免會想「果然，擁有天賦才能的人就是不一樣」。

貓師父：我們來猜謎吧。

弟　子：也太突然了。

貓師父：十九世紀的西班牙有一位小提琴家叫帕布羅·德·薩拉沙泰（Pablo de Sarasate）。薩拉沙泰十歲就在女王面前演奏，成年後更被譽為「小提琴史上技巧最精湛的天才」。

同時，十九世紀的法國有一位雕塑家叫奧古斯特·羅丹。他創作出《地獄之門》《沉思者》等作品，被稱為現代雕塑之父。這兩人在各自的領域裡都堪稱天才，也都曾被某人稱讚「您真是天才啊」。結果，兩人的回答非常相似，你猜猜他們說了什麼？

弟　子：嗯……應該就很直率地說「謝謝您」吧？或是「我還差得遠呢」之類的。

貓師父：錯，正確答案是**「請不要叫我天才」**。

弟　子：咦？

貓師父：翻譯後大致上是這個意思。準確來說，薩拉沙泰的原話是「天才？我可是三十七年來，每天花十四個小時練習，現在你竟然叫我天才，開什麼玩笑！」羅丹的回答則是「天才？根本沒有那種東西。唯有努力，唯有技術的累積，持續執行計畫，朝目標前進。」

弟　子：兩個人都生氣了啊……。

貓師父：每當我們看見某個領域的頂尖人物，常會認為對方是「天生的天才」。但是能夠取得卓越成就的人，大多在背後默默經歷了許多嚴苛的訓練，如果把他們的一切歸因於天賦才能，也難怪他們會生氣（※14）。

弟　子：對努力不懈的人擅自貼上「天才」的標籤，真是很失禮呢……。

貓師父：說得沒錯。**那麼，人類「為什麼無法發揮才能的三個原因」，到這邊就說**

明結束了。簡單統整一下，一是追求「喜歡」和「擅長」的事往往很容易失敗，二是人生中並不存在絕對能保證成功的能力，三是無法從遺傳得知才能所在。

弟　子：我明白了，但總覺得「這也不行、那也不對」，還是搞不懂該怎麼做才好。我到底該怎麼做才能找到自己的才能呢？

貓師父：我們終於要前往下一章「解答篇」，來實際探索發掘才能的方法吧！

弟　子：拜託您了！

※14：除此之外，日本名醫野口英世曾說過「比別人要努力三倍、四倍、五倍的人，才是天才」；鈴木一郎曾在訪談中答道「如果『天才』是指不需努力就能做到某件事的人，那我不是」；愛因斯坦也曾說「天才指的是努力的凡人」，許多偉人都不喜歡被稱為天才。

天才是從小就能看出來的嗎？

弟　子：就算無法憑基因判斷天賦才能，只要從小時候開始觀察，不也能看出一個人有沒有才能嗎？比如那些被稱為「神童」的人，像是莫札特。

貓師父：對呀。據說莫札特四歲開始作曲、六歲就巡迴歐洲公演。他肯定是早慧的人，這點無庸置疑。

弟　子：哇，果真是神童！

貓師父：只不過，現代的莫札特研究者並沒有將他神格化（※15）。首先，莫札特四歲時所作的曲子，品質並不高，如今也已得知他只是重新編寫其他作曲家的作品。而且那些作品很有可能是莫札特的父親代筆的。

除此之外，莫札特的父親有吹噓兒子能力的壞習慣，據信莫札特真正開始演奏的年紀，應該比流傳的晚很多。

弟　子：這故事的走向開始變得不太妙了。

貓師父：最重要的是，莫札特被稱為天才之前，其實已經累積了相當大量的努力。他的父親以斯巴達式教育聞名，莫札特三歲開始就被強迫每天練習三小時，到六歲為止已累積三千五百小時的練習時間。

換句話說，莫札特能夠在孩提時代就嶄露頭角，並不是因為天生具有音樂才華，而是不斷累積努力的結果，後者才是重點。在寫下名留後世的作品時，莫札特已經為音樂投注十年的光陰了。

弟　子：原來如此！

貓師父：同樣地，回顧歷史上的天才，很多人小時候都沒有優秀到引人注目的程度。哥白尼、巴哈、牛頓、貝多芬、康德、達文西等，都是有名的例子。

※15：樂評家尼古拉斯・肯揚（Sir Nicholas Roger Kenyon）指出，莫札特是天才的說法，是他去世後才被虛構出來的。莫札特自認為是「寫出符合委託人需求的作品的職業作曲家」，後來卻因為浪漫樂派的作曲家散布「莫札特的曲子是發揮天生靈感所得到的結果」這種想法，才使得莫札特被逐步神格化到如今的地位（16）。

最近期的例子則是蘋果的創辦人賈伯斯，他學生時期的成績大多是B或C，並不特別優秀，寫下《哈利波特》的J. K.羅琳也曾經在成績單上拿過許多C，被視為吊車尾的學生。

弟　子：嗯……看來不太可能從小時候的表現，判斷一個人將來是否能成為天才啊？

貓師父：至少，單憑學校的成績或表現是無法判斷的。許多研究也指出，即使在學校表現出色，也未必能在日後的工作中取得成功。

事實上，無論各行各業，在校時的表現與工作成果幾乎都毫無關係，吊車尾的學生出社會後卻大放異彩的人也不在少數。根據谷歌的調查研究，即使是大學時期表現非常出色的員工，畢業兩三年後，他們的工作績效是和學業成績完全脫鉤（※16）。

弟　子：原來如此啊……。

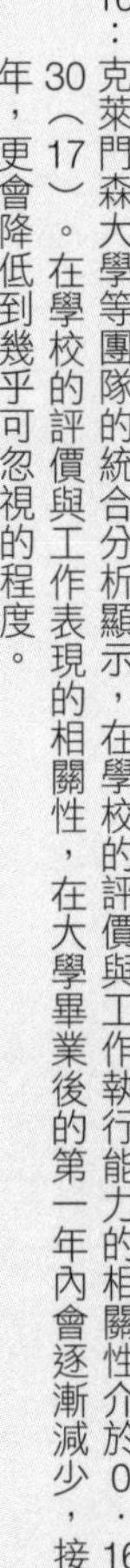

※16：克萊門森大學等團隊的統合分析顯示，在學校的評價與工作執行能力的相關性介於0.16～0.30（17）。在學校的評價與工作表現的相關性，在大學畢業後的第一年內會逐漸減少，接下來數年，更會降低到幾乎可忽視的程度。

第2部 解答篇

「比較優勢」決定你的才能

解答篇 1

決定才能的三個法則

～「比較優勢之村落」～

人生就是一場「特殊能力戰鬥」

貓師父：我要再強調一次，探索自己的才能時，有一項最為優先且至關重要的法則，那就是——

才能法則① 人生就是一場「特殊能力戰鬥」

弟　子：噢，終於要談到這件事了！

貓師父：如同我們在〈問題篇①〉提過的，我們的能力是否能得到正面評價，往往會依照時機與場合不同而改變，乍看之下的負面特質也可能具有良好的一面。所以，**我們可以善用能力的可變化性，當成自己的「特殊能力」來使用。**

弟　子：我好像能夠理解，但還是無法具體想像……。

貓師父：我們來看看世界上的名人是如何認識自己專屬的「特殊能力」，留下輝煌的成果。例如，製作出蘋果電腦的賈伯斯，因為患有閱讀障礙，無法正常閱讀、寫作，到十一歲時都還無法理解「珍妮和約翰拿著球」這麼簡單的句子，因此被旁人看作是「無法用語言溝通的怪人」。

弟　子：賈伯斯也曾經歷過這麼多困難啊。

貓師父：然而，**賈伯斯將這種閱讀障礙視為「與生俱來的特殊能力」**。

弟　子：不擅長閱讀也能變成優勢嗎？

貓師父：根據閱讀障礙的相關研究顯示，受閱讀障礙所苦的人，往往能夠瞬間看出複雜事物的全貌，而且能從不同視角理解、判斷事物，他們擁有上述很出色的特殊能力。因此，他們更善於提出創新的點子。

弟　子：但是，這些特質和不擅長讀寫文章有什麼關係嗎？

貓師父：患有閱讀障礙的人為了理解新資訊，必須使用比文字更抽象的圖像。雖然他們很難處理經過統整編輯的資料，但相對地，由於大腦擅長用圖像化的方式接收資訊，因此更容易掌握事物的全貌（※1）。

弟　子：原來如此。

貓師父：他們能夠記住擅長閱讀文字的人容易忽略的資訊，並更可能擺脫邏輯束縛，產生大膽創新的想法。**雖然無法百分之百斷定，但賈伯斯的絕佳設計品味與彷彿能洞見未來的創造力，很可能和閱讀障礙密切相關。**

弟　子：因為不擅長閱讀，反而擺脫了邏輯的限制，變得更有創造力，或許這真的是一種特殊能力。

貓師父：還有另一位名人，米開朗基羅，也是活用了自己的特殊能力，留下了偉大的成就。

弟　子：就是那位創作出《大衛像》，並且在西斯汀禮拜堂的天花板作畫的那位藝術家，對吧？

貓師父：是的。他是文藝復興時期的代表畫家，擁有極高的天賦才能，在當時就備受肯定，但另一方面，米開朗基羅也是出名的問題人物。他因為嘲笑平庸的藝術家而被毆打、個性易怒把徒弟嚇跑，還對大前輩達文西出言不遜

說：「（達文西）沒有完成作品非常可恥。」惹出許多麻煩。

弟　子：原來是個麻煩精啊。

貓師父：米開朗基羅一生都沒有摯友，最後孤獨死去。近年的研究認為，米開朗基羅可能缺乏「與他人共感的能力」（※2）。

弟　子：連這種事都能推測出來嗎？

貓師父：這只是根據歷史紀錄的推測，並非事實。不過，**觀察米開朗基羅的一言一行，就能知道他欠缺同理心以及社交能力，這點無庸置疑。**

弟　子：如果他是公司職員的話，肯定做任何事都不會順利。

貓師父：然而，米開朗基羅卻將這種性格充分運用在創作作品上。他的代表作之

※1：劍橋大學的研究團隊在二〇二二年提出「閱讀障礙的人在發現、發明、創新等方面的能力十分優秀」，主張不應該將閱讀障礙放在障礙的框架下（1）。

※2：根據三一學院等的研究。研究團隊以後世視角檢視歷史資料得出的結論是「米開朗基羅依循一貫的例行程序工作，價值觀十分偏狹，感興趣的事狹隘而局限、缺乏社交能力與溝通技巧，日常生活管理有問題，在在都顯示他符合亞斯伯格症候群，或是高功能自閉症患者的標準症狀」（2）。

一，西斯汀禮拜堂壁畫就是典型的例子。

弟　子：那座教堂在梵蒂岡，對吧？壁畫上除了《最後的審判》，還有《創世紀》等等。

貓師父：沒錯。這部作品總面積廣達四百六十平方公尺，規模相當龐大，緻密的筆觸將細節描繪得非常出色，放眼世界美術史可說是屈指可數的名作。

弟　子：這和米開朗基羅的性格有什麼關係？

貓師父：這部作品是米開朗基羅花了四年時間，獨力完成的。一般來說，這麼大規模的作品會由工作坊的成員及徒弟擔任助手，在米開朗基羅的監督下完成，但西斯汀禮拜堂壁畫完全出自他一人之手，沒有其他畫家參與。因此這部作品擁有高度的一致性，每一筆一畫都灌注了創作者的精神。

弟　子：真是不得了……。

貓師父：而且，這幅畫是在天花板上。作畫的時候必須抬起頭，扭著脖子，每天持續這個姿勢長達四年。時年六十六歲的米開朗基羅竟能以這樣的作業方式完成作品，實在太厲害了。

弟　子：他的生命力不同凡響！

貓師父：這種執著，是出於米開朗基羅天生的性格。平常，**他會被認為「自我中心」、「黏著型人格」（指情感不太波動，但偶爾會爆發式宣洩情感）**，**但只要場合對了，就會變成「擁有職人精神」、「執著於細節」**。據說，終生貫徹這種性格的米開朗基羅，直到生命最後階段，儘管因病雙目失明，仍堅持雕刻。

弟　子：正因為缺乏社交能力，才能夠將職人精神貫徹到底啊。

貓師父：當然，**並不是所有特質都能轉化為特殊能力，但即使是看似劣勢的特質，也值得花時間思考活用方式。為了在「特殊能力戰鬥」中取勝，首先得從這一步開始。**

所謂才能，就是團體內的「比較優勢」獲得肯定的狀態

弟　子：你只有舉名人的例子，我覺得沒有什麼參考價值。畢竟，賈伯斯、米開朗基羅這些人都在各自領域擁有出色的能力，可是像我這樣似乎一無所長的人，難道就完全無法發揮才能嗎？

而且，就算我真的擁有才能，最終還是會遇到〈問題篇①〉「追求自己擅長的事」提到的問題，不是嗎？即使找到發揮特殊能力的方法，如果有人比我更優秀的話，也沒用啊。

貓師父：你說到重點了。**無論在哪個領域，總是會遇到比自己更優秀的人。所以如果堅持只做自己「擅長的事」，一旦出現能力高於自己的人，馬上就會無能為力。**

弟　子：對啊，到那時，大概也只能繼續努力提升技能，試著扭轉劣勢吧……。

貓師父：會這樣想很正常。但是請回想一下，我們剛有說到，在什麼樣的情況下，人比較容易受到遺傳影響呢？

弟　子：恩……周圍環境的同質性太高的時候。大家吃的食物差不多，教育水準也接近，或是周圍聚集很多個性相似的人時……。

貓師父：沒錯。**當環境中有很多人和自己相似時，遺傳的影響就會變得很大，人生成功與否會更容易受「與生俱來的能力」左右。**接著，請回想一下〈問題篇②〉的內容。在什麼情況下，努力比較容易獲得回報？

弟　子：有明確訓練方法，並能徹底反覆練習的時候，對吧？

貓師父：是的。**只有在有明確的訓練方法，能夠打造一條清楚可循的路徑來精進能力的環境中，才能透過練習發揮更高表現。**結合這兩點，我們就能得到發掘才能的第二項法則。

才能法則②　所謂才能，就是團體內的「比較優勢」獲得肯定的狀態

弟　子：您是說……比較優勢嗎？

貓師父：對。當我們關注「比較優勢」時，情況就不一樣了。如果能夠評斷自己在群體中「具備哪一種比較優勢」，那麼就算出現更優秀的人，仍然很有機會在群體中獲得表現空間。

弟　子：嗯……我不太理解。

貓師父：在〈問題篇①〉中，我們提到了「樂技高明太郎」和「樂技拙劣次郎」的故事（P42）。故事中樂技拙劣次郎的各方面音樂造詣都輸給樂技高明太郎。也就是說，樂技高明太郎各方面都優於樂技拙劣次郎。即便如此，樂技拙劣次郎在和比自己出色的人組團時，還是能夠發揮吉他演奏的能力。**這是因為在樂團這個群體內，樂技拙劣次郎的吉他演奏技巧有「比較優勢」**。

弟　子：我好像懂了，又好像沒懂……。

貓師父：那麼，我換個更貼近現實的例子來說明吧。假設你任職的公司有一位超級商務人才，兼具了企劃、業務、簡報等所有商務必備能力，而且做每件事

的表現都很出色。我們暫且將這位人才命名為「全能先生」。

弟　子：確實，幾乎每家公司都有這樣的人才。

貓師父：另一方面，你的各方面能力都遜於全能先生。不管再怎麼努力，你永遠不可能在商務領域贏過全能先生。

弟　子：就算只是虛構的故事，這也太讓人沮喪了吧……。

貓師父：為了簡化問題，我們只比較你和全能先生的企劃與業務能力。我將兩人的工作平均表現，做成下頁的每日產出量比較圖（P152圖A）。

弟　子：企劃通過的件數和業務的成交率，全能先生都壓倒性地贏過我呢。

貓師父：可是，即使是全能先生這樣的明星級員工，一個人的工作量終究有極限，不可能讓他攬下所有工作。所以，**理想的做法不是把工作全部都交給全能先生，而是適當地分配工作量。**

弟　子：對啊。把工作都丟給有能力的人會引來反抗的。

貓師父：那麼，**為了考量如何適當分配工作，接下來我們重點關注兩人的「工作成本」**。工作成本是指，為了達成一項工作必須放棄多少其他工作。

◎【圖A】全能先生和弟子的一日工作產量

	全能先生	弟子	合計
企劃通過數	6件	1件	7件
訂單成立數	12件	8件	20件

弟　子：喔，這是不是可以理解為，我去跑業務的時候無法寫企劃書，寫企劃書的時候就無法去跑業務……是這樣嗎？

貓師父：正確。根據你和全能先生的工作量，計算出來的工作成本如下頁圖（P153圖B）。

弟　子：這個表是指，我完成每一項工作時，無法進行另一項工作的量吧？

貓師父：是的，例如P153圖B顯示，你每成交一筆訂單所需的時間，可以通過1／8件

◎【圖B】全能先生和弟子的作業成本

	全能先生	弟子
企劃通過數	每通過1件企劃，可以成交2筆訂單	每通過1件企劃，可以成交8筆訂單
訂單成立數	每成交1筆訂單，可以通過1/2件企劃	每成交1筆訂單，可以通過1/8件企劃

◎【圖C】採取最佳分配法，提升整體生產量

	全能先生	弟子	合計
企劃通過數	9件	0件	9件
訂單成立數	6件	16件	22件

企劃。相對的，全能先生每成交一筆訂單，同樣時間則可以通過1／2件企劃。

弟　子：咦？這樣說來，從訂單成本角度來看，我比全能先生優秀嗎？

貓師父：沒錯。如果全能先生把全部時間都用來談訂單，就會減少6件企劃。相對的，如果你把時間全花在談訂單，也只會減少1件企劃而已。也就是說，你的訂單成本比較優秀。

弟　子：這種勝利法好像有點悲哀……

貓師父：一點也不悲哀。**如P153圖C所示，你專心跑業務，讓全能先生專注寫企劃書，整體表現會更好。因為這樣一來，整體的作業成本就能減少。**

弟　子：真的耶！整體的產量上升了！

貓師父：這種思考方式在經濟學裡叫做**「相對優勢」（Comparative advantage）**。原本是用來說明國家間分工的理論，因為相當實用，如今在商務領域裡也被廣泛使用。

簡而言之，**「比較優勢」的意思是：個人的能力取決於與他人之間的相對**

◎依據「比較優勢理論」來分配工作

全能先生　企劃力⑥　業務力⑫

弟子　企劃力①　業務力⑧

⇓

把資源集中在能力具有相對優勢的部分

也就是說　**發揮全能先生的企劃力⑥與弟子的業務力⑧**

就是最佳解答！

平衡，因此找出與平衡點相對的「比較優勢」，然後特別加強那項優勢，就能有更好的表現。以剛才的例子來說，在你的兩項能力中，業務訂單相對占優勢。

弟子：的確。我不論做什麼都輸給全能先生，但是如果只看業務訂單的成本，我其實能發揮得更好！

每個人都有屬於自己的「比較優勢」

貓師父：其實，近來有不少大企業注意到「比較優勢理論」，並藉此取得成功。例如谷歌就全面調查了所有員工的工作表現，持續關注成績倒數5%員工的狀況。

弟　子：什麼！那排名在末5%的人會被開除嗎？

貓師父：不是的。**谷歌不會只因為工作成績差，就判定該名員工能力低下。相反的，谷歌會思考：「公司是否沒有發揮該名員工的比較優勢？」並尋找方法來協助員工**（※3）。

弟　子：那真是太好了……。

貓師父：谷歌的人資部一旦看到表現不理想的員工，首先會假設：「是因為公司配置不當或管理不足嗎？」接著與該名員工面談，理解其需求與價值觀，然

後為其配置新的職位。藉由不斷反覆調整，來達到人力配置的最佳化。

弟　子：看來，谷歌非常重視比較優勢呢。員工的工作動力也會因此提升吧。

貓師父：在美國經營賭場的哈拉斯娛樂公司（Harrah's entertainment）也採行類似的做法。該公司會定期約談員工，想辦法盡可能提升幸福感及身體健康。因為他們根據過去的數據得知，幸福且健康的工作人員越多，顧客的滿意度也會越高。

弟　子：讓員工好好發揮能力，是經營企業的基本心法呢。

貓師父：沒錯。總之，這裡有兩點值得我們特別注意：

①任何人一定都有屬於自己的「比較優勢」。

②就算是自己不擅長的事，只要擁有「比較優勢」，就必能派上用場。

※3：谷歌人力營運資深副總裁拉茲洛・博克（Laszlo Bock）曾說：「谷歌總是思考著如何為工作表現倒數5％的人提供協助，我們打從心裡期盼這些人也能夠成功。」（3）

◎「喜歡」、「擅長」、「比較優勢」之間的差異

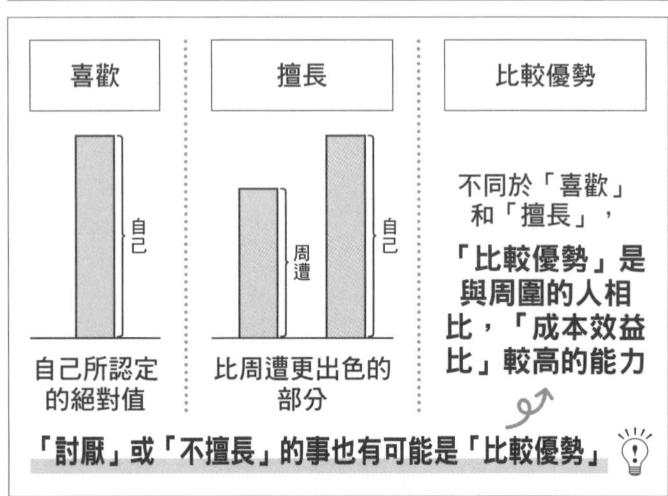

首先，最重要的是，每個人都擁有某種「比較優勢」，就算你現在沒有任何長處，也一定在某件事情上擁有比較優勢。從剛才的例子可以看出，你雖然各方面都比不上全能先生，但還是能對公司有所貢獻。因為你擁有能力上的相對優勢。

弟　子：**如果只需要發揮相對優勢，那確實每個人都有活躍的空間呢。**

貓師父：更極端地說，就算面對短跑選

手博爾特（Usain St Leo Bolt），你也有相對優勢。

弟　子：就連對上博爾特，我也有優勢嗎！

貓師父：博爾特擁有超凡的田徑表現，若讓他把精神投注在其他事情上，成本都太高了。因此，相比之下，你在田徑以外的任何事情上可能都比博爾特更具優勢。比如，洗碗或是經費精算等等。

弟　子：被認為比博爾特更具優勢，真讓人充滿幹勁！

貓師父：**還有一點要記住，「比較優勢」不一定是你擅長的事。**假使你的企劃能力其實優於業務能力，但全能先生的企劃能力比你更優秀的話，你專注於業務反而對團隊更有幫助。**依據當下所處環境的能力平衡，就算是你不擅長、厭惡的事也可能成為你的「優勢能力」**。

弟　子：〈問題篇①〉也提過這件事呢。在追求自己喜歡或擅長的事之前，應該先了解自己所處的環境。

貓師父：完全正確。**我再強調一次，你是否擁有「才能」，不是自己說了算。你們的特質會因為環境變化而得到不同的評價，某種能力在某個場合是「優**

點」，在別的場合則可能是「缺點」。

弟　子：這麼說來，精神病態者在某些情境下，也可能有發揮才能的機會。

貓師父：沒錯，如果忽視這點，一味認為「我沒有才能」就覺得自己無用，就好比壽司職人一直想著「我不會做好吃的咖哩，所以廚藝不佳」一樣荒謬。

弟　子：就像遺傳率一樣，大家都使用了錯誤的衡量標準嗎？

貓師父：可以這麼說。人類有許多悲劇是因為用錯誤的方法衡量世界。

弟　子：為了避免這樣的悲劇，搞懂自己所處的環境真的很重要。

貓師父：沒錯。**總而言之，我們不一定要比他人優秀才有辦法發揮自己的才能，也不需要執著於只做自己擅長的事。只要持續發揮自己的比較優勢就好了。**

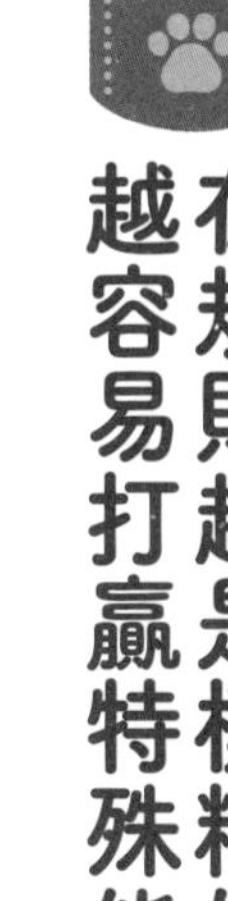

在規則越是模糊的世界，越容易打贏特殊能力戰鬥

弟　子：現在我知道「比較優勢」的重要性了，但還有不理解的地方。**到目前為止，我們的討論似乎都是在說「普通人只能成為優秀人的配角」**？這樣一來，我還是覺得自己沒有機會贏過強者啊。搞不好還會被說是不知天高地厚……。

貓師父：不，並非如此。「比較優勢」思維可以帶給那些自認是普通人的人一線希望喔。只要活用「比較優勢」，弱者也能輕易地逆轉勝。

弟　子：咦？是這樣嗎？

貓師父：為了幫助你理解，我們來談談才能的第三項法則吧。也就是——

才能法則❸ 在規則越是模糊的世界，越容易打贏特殊能力戰鬥。

弟　子：模糊的世界規則？這是什麼意思？

貓師父：就像我們前面重複提到的，**遺傳率和練習的影響力在規則明確的世界中會更高。**這是因為在規則明確的世界裡，能力的評價基準也更明確。

弟　子：原來如此。

貓師父：舉例來說，最典型的例子就是運動競賽。在職業運動領域中，每一種競技項目都設有明確的規則，所需的能力也很清楚。比如，馬拉松跑者首重心肺耐力、肌耐力，拳擊手則是出拳力量和動態視力，這都不難理解。除了運動以外，像是西洋棋、將棋的錦標賽、數學或程式設計競賽、電腦或審計比賽等等，在這些規則明確的競賽中，遺傳率與練習的影響力都比較高。在規則明確的世界中，擁有特定基因的人能發揮更好的表現，練習越多的人獲勝機率也越高。

弟　子：運動的勝敗標準很明確，所以具有相對應天賦才能的人就更容易取勝呢。

貓師父：正是如此。在規則明確的世界中，天生條件優越的人更容易獲勝，遺傳與環境運氣不佳的人則難以逆轉劣勢。

弟　子：所以才說世界是殘酷的……

貓師父：但是，從反面來看，**在規則模糊的世界，普通人獲勝的可能性就會變高，這對普通人來說是一線希望。**

我以現代藝術為例，你就能更容易理解。正如大家所知的，外行人大部分都不理解現代藝術的評價標準，因此常常無法判斷藝術作品的優劣。

弟　子：沒錯，那些看似隨筆塗鴉的畫作，竟然價值上億元呢。

貓師父：之所以會有這種現象，是因為現代藝術常以「破壞規則的程度」來判斷作品的價值。

弟　子：破壞規則的人比較厲害嗎？

貓師父：雖然不是所有藝術作品都是用這種方式評價，但現代藝術確實有這樣的一面。話說回來，現代藝術本來就是誕生自打破既有規則。你聽過現代藝術之父馬塞爾．杜象（Marcel Duchamp）嗎？

弟　子：就是宣稱小便斗也是藝術的那個人，對吧？

貓師父：你的說法雖然粗略，但大致沒錯。杜象把男用小便斗題名為《噴泉》，然後寄到紐約的某個藝術展。這件事引發軒然大波，當時的獨立藝術家協會甚至拒絕展出，但這件作品如今卻成為二十世紀的現代藝術代表作。

弟　子：但那明明只是普通的小便斗？

貓師父：**這是因為杜象成功打破了藝術的規則。**在那之前的藝術作品，評價標準都是基於色彩的美感、對現實的逼真表現，或宗教世界觀的描繪等眼睛可見的特色。比如，古典藝術推崇如攝影般忠實地重現現實世界，十九世紀後半的印象派則是試圖再現光的豐富色調。

與此不同，杜象主張就算是毫無視覺趣味的現成物品，只要放在美術館裡展出，也可以成為藝術，企圖藉此打破傳統的藝術規則。

《噴泉》之所以獲得賞識，是因為在這之前從來沒有人做過類似的嘗試（※4）。

弟　子：聽起來像是腦筋急轉彎的故事呢。

貓師父：的確，**拜杜象之賜，現代藝術從此變成「腦筋急轉彎的競賽」。如何翻轉既有的規則，也成為藝術的評價基準之一。**

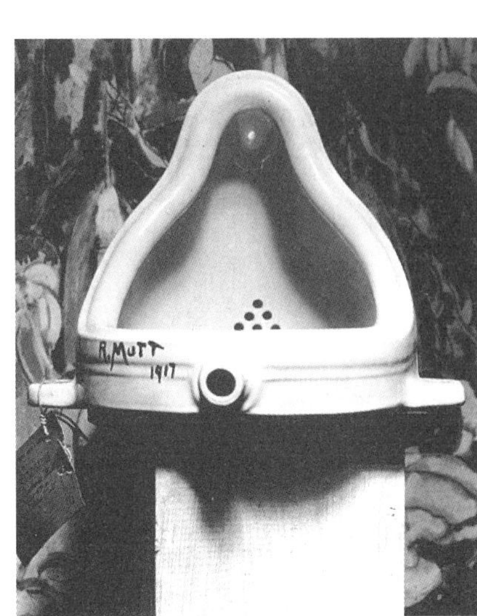

馬塞爾．杜象《噴泉》(1917年)

弟　子：破壞規則變成規則的一部分了。

貓師父：在這種情況下，外行人無法理解現代藝術的價值也不足為奇了。因為「這件作品打破了什麼規則？」這個問題，若不是相當熟悉藝術史的人，根本無法回答。這就像如果觀眾不了解足球規則，看到選手忽然用手抱球奔跑，也無法判斷該名選手是否犯規。

弟　子：杜象的作品也是一樣，如果不知道他的作品打破了「藝術展不允許展出現成品」這一規則，看到的也就是普通的小便斗而已。

※4：題外話，近年有研究指出，包含《噴泉》在內的數件杜象作品，其實是德國藝術家艾莎．馮．費萊塔格－蘿玲霍芙（Elsa von Freytag-Loringhoven）所製作的（4）。

先理解「框架」，才能打破「框架」

貓師父：**「在規則越是模糊的世界，越容易打贏特殊能力戰鬥」這種思維，當然是有研究資料支持的。**二〇一八年，西北大學的統計學家做了一項大數據研究，調查五十萬名活躍於國際藝壇的藝術家的經歷，並比較其作品的售價（※5）。根據這項分析，統計學家歸納出了成功藝術家所具有的共同特質。

從結果來看，大獲成功的藝術家可分為以下兩種類型：

類型①　職涯初期，曾在知名美術館展出作品。

類型②　職涯初期，曾在多間藝廊展出作品，無論藝廊是否知名。

第一種類型應該很好理解吧，如果能夠在紐約當代美術館、泰特現代美術館、龐畢度中心等鼎鼎大名的美術館展出，可以說是超幸運的成功類型。這些藝術家幾乎毫無疑問能一舉成名，作品價格也會飆升，好比一畢業就進入超一流的大企業上班一樣。

弟　子：真是令人羨慕……。

貓師父：但是，這麼知名的美術館競爭非常激烈。藝術家通常必須擅長自我推銷，或是與名人有關係，才能具備優勢。不善與人交流的藝術家如果想要靠這種方式來成功，機率就會減低。

弟　子：不論創作了多少作品，如果沒有人看見，也就毫無意義。

貓師父：此外，知名美術館都有各自的評價標準，有些美術館偏好展出新科技的創

※5：研究團隊使用一九八〇年到二〇一六年間所收集的資料，分析其中近八千家美術館、超過一萬四千家藝廊所舉辦總數多達數十萬場的展覽（5）。該團隊追蹤特定作品送往各種展覽所採取的路徑，將其繪製成圖。

作，也有些重視探討社會議題，更有些獨鍾於能夠激起純粹情感的作品。因此，不符合這些標準的藝術家從一開始就失去了成功的機會。

弟　子：就像能夠活躍於一流企業的人才也是屈指可數一樣。

貓師父：**因此，第二種成功模式就顯得特別重要。**許多未能在知名美術館展出的成功藝術家，往往在職涯初期就在各式各樣的藝廊展出，無論這些藝廊是否知名。

相較於第一種類型的藝術家只在知名美術館展出，第二種類型的藝術家則會積極探索不同地點、評價各異的藝廊，不斷為作品尋找新的展出機會。

弟　子：在默默無聞的藝廊展出，也有機會成功嗎？

貓師父：關鍵在於，**第二種類型的藝術家透過廣泛地與美術館、藝廊拓展合作，最終都遇到了能理解自己「比較優勢」的買家和藝評人。**即使創作風格不被知名美術館認可，經過努力不懈尋找合作對象的過程，他們都找到了認同自己價值的人。

弟　子：這麼說來，他們都找到了自己的「特殊能力」，對吧。

貓師父：沒錯。在現代藝術世界中，收藏家、藝評人、買家都有各自獨特的評價標準。有人重視「獨特的畫法」，也有人看重「作品中蘊含的思考」。各式各樣的人都抱持著不同的「藝術應該如此」的標準，而這些標準結合起來，就成為了廣大的藝術市場。在如此豐富多元的評價標準下，適合這些標準的藝術家及才能當然也是豐富多元的。

弟　子：也就是說，**在規則模糊世界，各式各樣的戰略都比較可能奏效。**

貓師父：反過來說，傳統藝術有一套明確的訓練方法，所以遺傳和練習的影響會更大。想要在傳統規則如「畫得和實物一模一樣」、「色彩非常美麗」之中戰鬥，需要擁有一定程度的天賦才能和努力。然而，在現代藝術這種規則模糊的領域，用塗鴉和小便斗都有可能翻盤獲勝。

弟　子：「在規則越是模糊的世界，越容易打贏特殊能力戰鬥」原來是這個意思。

貓師父：是的。不過，要注意，**目前為止的討論並不是鼓勵「無視規則，任意創**

作」。杜象之所以獲得認可，是因為他透徹研究過藝術界的潛規則後，才在潛規則上創作出新的作品。要打破框架，首先就必須正確認識框架。

弟　子：**弱者想要逆轉勝利，就必須要理解既存的規則，對吧。**

貓師父：正是如此。總而言之，你們必須像杜象那樣，去尋找只屬於自己的小便斗。

弟　子：尋找只屬於自己的小便斗……？

如何提升特殊能力戰鬥的勝率？

弟　子：您說的道理我都懂了。但是，像谷歌那樣發掘並活用員工個人特質的企業或組織，數量非常少吧。像我這樣的人，該怎麼辦呢？

貓師父：你說得沒錯。在任何一個領域，如果已經有值得依賴的人發揮了出色的能力，就不會有人注意到還沒有任何出色表現的人，更別說為其打造「比較優勢」了。

因此，不論在哪裡，發揮「比較優勢」都必須靠自己來完成。

弟　子：這點我理解。我知道個人的才能是取決於所處環境中的平衡，但我還是無法想像自己能夠發揮優異的表現……。

貓師父：沒必要想得這麼複雜。我們再來回顧一下目前為止討論到的觀念吧。

才能法則①人生就是一場「特殊能力戰鬥」。

才能法則②所謂才能，就是團體內的「比較優勢」獲得肯定的狀態。

才能法則③在規則越是模糊的世界，越容易打贏特殊能力戰鬥。

再強調一次，世界就像是一個特殊能力戰場，各種能力者相互競爭。要在這樣的世界裡發揮所長，就要了解自己身處在什麼樣的戰場，以及在什麼狀況下適合用什麼特質來作戰，為此，你必須發掘自己的「比較優勢」。你可以採取以下兩個步驟：

① 決定戰鬥方式

② 熟練運用特殊能力

弟　子：這樣就能在人生的「特殊能力戰鬥」中勝出嗎？

貓師父：沒錯。只要採取這些步驟，就一定能提高戰鬥的勝率。我雖然無法保證弱者一定能逆轉勝，但至少可以提高周遭人對你的評價。

接下來，我們就來看看這兩個步驟的具體做法吧。

解答篇

2

決定戰鬥方式

~「戰術的草原」~

首先，決定戰鬥條件

貓師父：要找出個人專屬特殊能力的第一步，就是**「決定戰鬥方式」**。你必須先釐清兩件事，**第一是你希望誰給予你正面評價，第二是你希望透過這份評價獲得什麼**。換句話說，這個步驟就是要決定你的戰鬥條件。

弟　子：評價是指像「想獲得社會認可」或是「想要在某個興趣領域中成名」嗎？

貓師父：沒錯。就像之前討論的，我們的「才能」取決於群體中的相對平衡。如果不理解這點，一味地煩惱「找不到自己的天賦……」也不會有進展。**首要之務是分析自己所處的戰場**。

弟　子：的確，如果無法決定要投身哪一個戰場，就會不知道自己應該具備什麼樣的能力。

貓師父：用「猿蟹合戰」來比喻的話，首先要明確定義戰鬥目標，也就是「在有圍

爐的家裡和猴子對抗」。如果沒有確立目標，栗子和牛糞等角色就無法判斷自己應該站在哪個位置。

接下來，我們來練習如何確定目標吧。

◆你希望在哪裡、用什麼方式作戰呢？

練習① 戰場分析

「戰場分析」源自心理治療領域，在此我們改寫成符合本書的練習方法。最初，這項練習是為了改善情緒低落與動力不足，後來發現效果相當廣泛，甚至在商務領域的教練學（Coaching）中也能派上用場。

透過這項自我分析練習，大部分人的疑問如：**「我想在一生中實現什麼？」「我想在哪些事情上獲得正面評價？」都能獲得某種程度上的答案。**產生這樣的自覺後，你就能更正確發揮自己的能力。

❶ 選擇戰鬥的場所

你希望在哪些組織、群體、社群獲得正面評價。

Q 我現在屬於哪些組織和社群？

Q 我想在哪些社群中活躍？

Q 我希望哪個組織認可我的能力？

思考完以上問題後，把你的回答寫在學習單（P179）的「戰場欄」裡。戰場可能包括：「家庭」、「摯友圈」、「公司的專案小組」、「足球社團」等。

❷ 釐清誰是評分員

「評分員」就是在你所選擇的戰場中，評價你能力的人。

《練習①》
戰場分析

～決定在哪裡戰鬥？
如何戰鬥？～

① 戰場

② 評分員

③ 勝利條件

「勝利條件」不能靠「猜測」，必須是「預測」！

◎戰場分析範例

戰場	評分員	勝利條件
線上沙龍	資深會員	受託管理個別的討論群組
工作的所屬業界	自己所提供服務的全體使用者	在評分網站上平均獲得4顆星
公司部門	上司	獲得上司的高分評價
公司專案小組	同事、上司	同事認可你對專案有貢獻
跑步社團	社員、社團管理者	擴大社團規模或是讓社員感到開心
常在飲酒聚會見面的朋友群	飲酒聚會參加者	所有人都很享受聚會
家庭	妻子	妻子讚許你對家庭的貢獻
社群媒體上的往來對象	追蹤人數高的使用者	發文平均按讚數超過100
插畫投稿網站	網站使用者	成為網站前十名插畫家
體育館	教練	教練認可你的努力
喜歡的藝人的粉絲俱樂部	頭號粉絲	排解粉絲之間的派系鬥爭
學生時代的朋友圈	學長姊	學長說「有你在，氣氛就很熱烈」
打工	老闆、前輩	老闆任命你管理庫存

Q 在戰場上，由誰來評斷你的能力？

Q 在戰場上，最具影響力的人是誰？

Q 你取得成果時，誰最可能注意到你的成就？

Q 在戰場上，你最希望獲得誰的正面評價？

思考以上問題，把答案寫在學習單的「評分員欄」。例如，如果你的戰場是「家庭」，評分員可能是妻子和小孩；如果戰場是「公司專案小組」，評分員可能是同事、上司。

仔細思考自己所選擇群體的評價系統後，再想想誰會是最適合的評分員。

❸選擇勝利條件

在這一步驟中，你要考慮在戰場中，取得什麼成就才算是成功。

Q 在戰場上得到什麼結果時，你會認為自己「發揮了特殊能力」？

Q 在戰場上做出哪些貢獻，最能讓評分員開心？

Q 在戰場上獲得什麼樣的評價，你認為最能稱得上成功？

把你的答案寫在學習單的「勝利條件欄」。例如，「同事認可你對專案的貢獻」、「跑步社團的夥伴稱讚你很努力」、「在一週內蒐集齊全簡報的必需資料」等。

如何設定勝利條件是個人的自由。如果你想不到好的勝利條件，可以試著回答以下問題：

◎評分員是家人的戰場

Q 你想和家人建立什麼樣的關係？

Q 你想要成為什麼樣的兄／姊／弟／妹／母親／父親？

Q 你想要成為什麼樣的家長？希望孩子如何看待你？

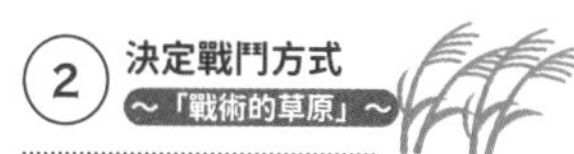

◎評分員是伴侶的戰場

Q 你想要成為什麼樣的丈夫／妻子／戀人？

Q 你想和伴侶建立什麼樣的關係？

Q 你希望在伴侶關係中，成為什麼樣的人？

◎評分員是朋友和熟人的戰場

Q 你希望親近的人如何看待自己？

Q 你想要培養哪一種類型的友誼？

Q 你想和不特別親近的普通朋友維持什麼樣的關係？

◎評分員是有工作關係者的戰場

Q 對你而言，什麼樣的工作方式是重要的？

Q 你對目前的工作及專案有什麼貢獻？

Q 你希望在工作上建立哪種人際關係？

◎評分員是非特定人的戰場

Q 你希望成為哪些群體或社群的一份子？

Q 你想在所屬團體中做出哪些貢獻？

Q 作為社會的一員，你希望成為什麼樣的存在？

在選擇勝利條件時，請注意區分「預測」和「猜測」。這是心理學領域中常用的區分，兩者在同一情境裡有不同的涵義，請見以下舉例。

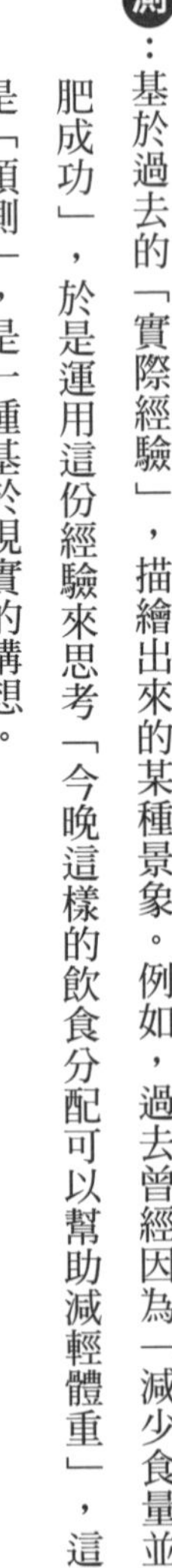

預測：基於過去的「實際經驗」，描繪出來的某種景象。例如，過去曾經因為「減少食量並減肥成功」，於是運用這份經驗來思考「今晚這樣的飲食分配可以幫助減輕體重」，這就是「預測」，是一種基於現實的構想。

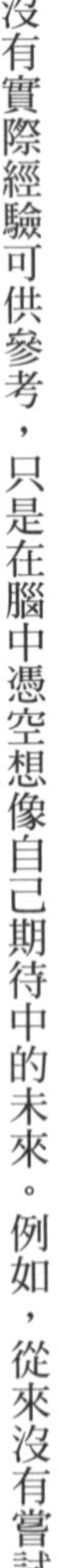

猜測：沒有實際經驗可供參考，只是在腦中憑空想像自己期待中的未來。例如，從來沒有嘗試

減重，只是想像自己的體脂肪減少、體態變纖細，這就只是「猜測」。

在「分析戰場」時，我們當然應該採用「預測」。根據研究，越常幻想的人，努力實現目標的動力和意願越低（1）。因為「猜測」缺乏過去經驗作為根據，大腦會誤以為「已經接近目標」，於是開始節省達到目標所需的能量支出。

如果用幻想的方式來「分析戰場」，我們的大腦會誤認「我已經獲得周遭的認可」，從而失去深入分析自我的動力。因此，**在決定勝利條件時，必須依據你過往的實際經驗，盡可能挑選符合現實條件的組織及群體。**

用才能評估表，找出自己的特殊能力！

貓師父：確定戰場、評分員、勝利條件後，接著就是思考該如何打贏特殊能力戰鬥。

弟　子：終於來到發掘特殊能力的步驟了！

貓師父：沒錯。以「猿蟹合戰」為例，勝利條件是「打敗作惡的猴子」。為了達成這項條件，牛糞和栗子這些角色必須判斷自己具備的能力。例如，牛糞「具有讓敵人滑倒的能力」、栗子「具有受熱後高速爆飛的能力」等。

弟　子：所以，**就像「猿蟹合戰」一樣，我也要思考自己「具有哪些特殊能力能夠取得勝利」**，對吧。

貓師父：沒錯，現在就來看看可以幫助你思考的練習吧。

◆找出能夠幫你贏得勝利的特殊能力

練習② 比較優勢分析

正如〈解答篇①〉討論過的，如果我們要在特定群體中勝出，首先必須知道自己的「比較優勢」。你必須明確知道自己在所屬群體中的比較優勢，並且善加利用。

然而，為了準確計算出比較優勢，我們首先必須計算特定群體中所有成員的作業成本。雖然這並非不可能的任務，但由於計算太過龐大，在現實中是不切實際的。

這時，**「比較優勢分析」**就是很好用的工具。這項練習就是為了幫助你認識「比較優勢」而設計的，只要實際執行以下步驟，你就能大致掌握自身才能的應用方向。比起執著於精算比較優勢，不如一邊利用「比較優勢分析」掌握大致狀況，一邊在現實中測試你的特殊能力，並反覆練習。

你可以依照以下順序執行「比較優勢分析」：

❶思考能夠獲得正面評價的「比較優勢」

想發掘出自己的「比較優勢」，你必須知道自己所選擇的戰場需要哪些能力，更需要了解「評分員」（P179）所期待的成果。

如果沒有充分掌握這個關鍵，只憑自己「喜歡」、「擅長」的事來分析自己的特殊能力，很可能導致發展出沒有人需要的能力，很可能無法提升工作的成果。

思考「比較優勢」時，請先在腦海中想像以下兩種人物。

①成功者：在你選擇的戰場上，目前表現相當優異的人。

②評分員：在你選擇的戰場上，負責評價成功的人。

具體想像出這兩位人物後，接著再思考以下問題：

Q 成功者擁有哪些技能和特質？

Q 評分員重視哪些技能和特質？

Q 在你選擇的戰場中，優秀者和不優秀者各自具備哪些技能和特質？

Q 在你選擇的戰場中，最有幫助的是哪些技能和特質？

思考出答案以後，請在學習單（P191）中填入你的「戰場」，以及「能夠獲得正面評價的能力」。這是「比較優勢分析」的關鍵步驟，請花時間好好填寫。如果可以的話，請直接請教該群體中的關鍵人物或是公司中表現傑出者，以提高分析的精確程度。

如果不知道如何作答，也可以運用你現有的知識和經驗，來推測可能的答案。這份表格需要定期回頭檢視並修正，因此不必執著於追求完美。如果你想不到任何答案，可以參考P200、201的「比較優勢清單」，從中選出符合的項目。

此外，我要再次提醒，**不要執著於你自認為「擅長」的能力**。假設你自認為「很擅長寫文章」，但是戰場中沒有人重視文筆，那就不能把這項能力填入表格。

❷ 將「比較優勢」排名次

當你選定能讓你在戰場中獲得正面評價的能力後，接下來就需要分析自己的「比較優勢」。在接下來的步驟中，你要鎖定自己擁有的「優勢能力」，並探索出適當的能力組合。

請按照以下說明，將結果記錄在另一張表格（P194下表）。

能獲得正面評價的能力

請從P191列舉的「獲正面評價的能力」清單中，選出比較具有價值的能力，填入P194的表格。請挑選最少三項，最多不超過八項「優勢能力」。

自己

評估自己每個能力項目的分數，以滿分十分來評分「能力值」。完全不具備該能力是一分，該項能力非常傑出是十分。

《練習②》

比較優勢分析

～思考能夠獲得正面評價的能力～

戰場❶	
被評價的能力	

戰場❶【範例】	
公司的專案團隊	
被評價的能力	資訊蒐集、資料整理、細節檢查、問題發現 & 解決、校對、報告、資訊取捨、建立理論、邏輯性、學習、觀察、完成工作

戰場❷	
被評價的能力	

戰場❷【範例】	
跑步社團	
被評價的能力	身體能力、良好的溝通技巧、引導晚輩、調解糾紛、持續練習、語言能力、開朗活潑

戰場❸	
被評價的能力	

戰場❸【範例】	
網路社群	
被評價的能力	發文頻率、精準提問、仲裁能力、主動建立話題、活動策劃能力、準確傳達訊息、閱讀資料

普通人

從你的戰場中挑選出一位表現最普通的人。這個人幾乎沒有任何引人注目的表現，但生產力也不是最低。如果無法想到符合的人物，可以用虛構的方式，想像出一個普通人。

選定之後，幫這個人的每項能力打分數，一樣用滿分十分來評分。

成功者

從你的戰場中挑選出兩個表現最出色的人，以滿分十分填寫他們的每項能力值。最理想的情況是，你在評分前已經直接請教兩位成功者，或是詢問非常了解這兩位成功者的人。如果無法做到，就根據你目前掌握的資訊去推測。

實用程度

分別評估自己、普通人以及成功者，在現實中活躍使用每項能力的程度，以滿

分十分評分。

如果「這項能力頻繁被使用」是十分，「幾乎不會被使用」是一分，把分數填進「實用程度」的欄位。假設成功者的「研究能力」是十分，但如果工作上不會接觸到研究，實用度就是一分。

合計

加總「能力值」和「實用程度」的評分，算出每項能力的總分。

《練習②》比較優勢分析

～替「優勢能力」排名次～

【範例】

獲得評價的能力		分數											
		自己			普通人			成功者①			成功者②		
		能力值	實用程度	合計	能力值	實用程度	合計	能力值	實用程度	合計	能力值	實用程度	合計
1	情報蒐集	6	10	16	5	4	9	9	8	17	9	7	16
2	資訊篩選	6	8	14	6	4	10	10	9	19	9	8	17
3	發現問題	5	4	9	5	5	10	6	7	13	10	9	19

【填寫欄】

獲得評價的能力		分數											
		自己			普通人			成功者①			成功者②		
		能力值	實用程度	合計	能力值	實用程度	合計	能力值	實用程度	合計	能力值	實用程度	合計
1													
2													
3													
4													
5													
6													
7													
8													

❸繪製視覺化的結果圖表

為了讓你更容易理解分析過程，請把所有能力的排名結果繪製成圖表。依照P196的範例，用折線圖畫出每項能力的總分。

請以顏色區別不同的人物，例如黑色的線條代表自己，藍色代表普通人，兩位成功者分別用綠色和紅色等。觀察P196的圖表，可以判斷出在各種能力中，你的6號、7號、8號能力最具潛力。這就是你的「比較優勢」（也就是特殊能力）。

即使你沒有一項能力超過成功者，也不用沮喪。我會在下一章告訴你如何應對，請繼續讀下去。

《練習②》
比較優勢分析
～把結果視覺化～

【範例】

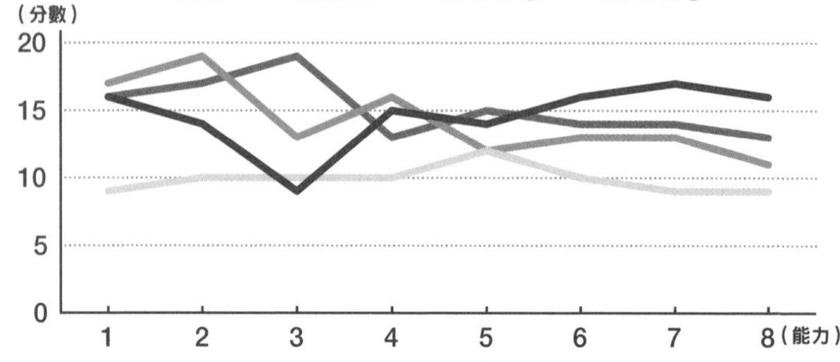

	1	2	3	4	5	6	7	8
自己	16	14	9	15	14	16	17	16
普通人	9	10	10	10	12	10	9	9
成功者①	17	19	13	16	12	13	13	11
成功者②	16	17	19	13	15	14	14	13

【填寫欄】

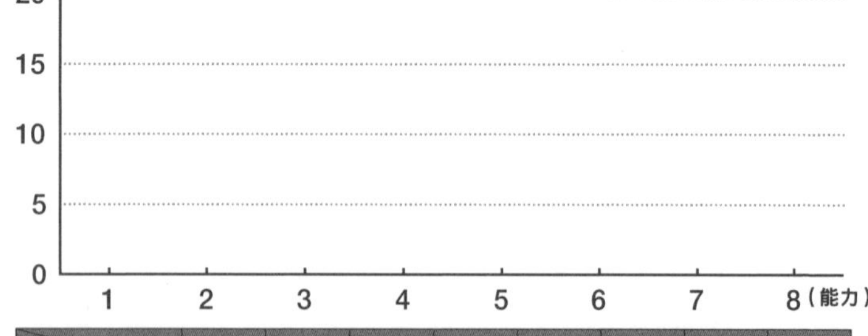

	1	2	3	4	5	6	7	8
自己								
普通人								
成功者①								
成功者②								

進一步發掘潛能的輔助練習

貓師父：以上就是判斷自己特殊能力的基本練習。總之，只要掌握了「戰場分析」、「比較優勢分析」，就能大幅提高找出自己特殊能力的機率。

弟　子：真的耶。我更清楚自己擁有哪些能力了。

貓師父：接下來，我們來看看幾個輔助練習吧！

弟　子：什麼是輔助練習？

貓師父：「戰場分析」和「比較優勢分析」這兩項練習都不難，但初學者可能會遇到一些難以解決的問題。常見的困擾包括：

◎我不知道自己選擇的戰場上，哪些能力會獲得正面評價？

◎我不知道自己平常會運用哪些能力？

弟　子：的確，這些問題平時很少思考，所以可能不容易想到答案。

貓師父：如果遇到這類問題，可以從本章挑選出符合你的煩惱的輔助練習。比起一味苦惱，這些練習能夠幫助你得到符合現況的答案。

輔助練習① 比較優勢清單

～從超過兩百種選項中，選出正確答案～

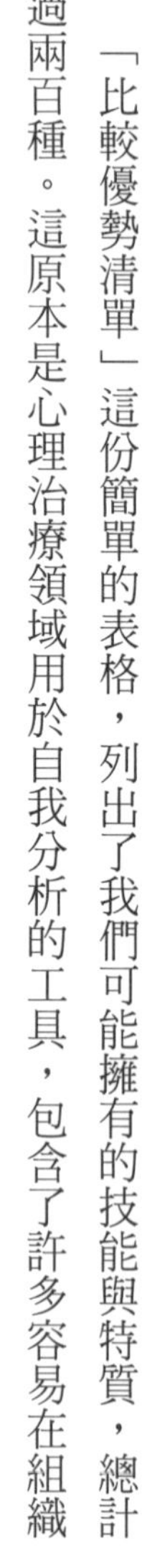

「比較優勢清單」這份簡單的表格，列出了我們可能擁有的技能與特質，總計超過兩百種。這原本是心理治療領域用於自我分析的工具，包含了許多容易在組織與社群中獲得正面評價的能力。

如果你不知道自己所選的戰場看重哪些技能與特質，請閱讀這份清單，選出可能符合的能力。當然，這份清單無法涵蓋所有的能力，但你可以參考其中的內容，想出其他更符合需求的描述。

此外，這份清單包含兩部分：「容易在日常生活中獲得正面評價的『比較優

勢』」及「容易在工作上獲得正面評價的『比較優勢』」。如果想在家庭及興趣社群獲得認可，請使用前者；如果想在職場及副業上獲得讚賞，請使用後者。

◎在日常生活中，容易獲得正面評價的「比較優勢」清單

正確性	堅持努力到底	領導力	寬容
分析力	慎重	愛	外表
藝術氣息	不畏懼	謙虛	正直
行為勇敢	表達豐富	樂觀	幽默
理解力	社交能力	喜歡秩序	創造力
善於溝通	戰略性思考	擅長交際	鼓舞他人
有勇氣	行動至上	不屈不撓	親切
好奇心	喜歡美的事物	重視實踐	總是活力充沛
有紀律	運動神經	待人有禮	學習意願
有活力	體貼	真誠無妄	動力
公平	悲天憫人	有靈性	心胸開放
專注力	自信	社會生存技能	原創性
友善	具創造力	反應靈敏	忍耐
心懷感激	奉獻自我	承擔風險	能言善道
化希望為行動	教育程度	洞察力	細心
理想崇高	享受人生	誠實	責任感
勤奮	行動迅速	具公民意識	自我管理
道德	說服力	討人喜歡	自動自發
知識量	慷慨大方	溫柔	直率
講求邏輯	樂於助人	高邏輯	團隊合作
有同理心	謙遜	果決	擅長處理人際關係
觀察力	獨立	共感力	
不抱偏見	個性沉穩	熱情	
掃除整理	知性	態度柔軟	

◎在工作場合中，容易獲得正面評價的「比較優勢」清單

提升團隊活力	決定優先順序	聆聽	給予反饋
資料分析	研究力	引導他人	問題應對
預算管理	擅長記錄	與人會見	實踐力
調整平衡	排定時程	徹底檢查	革新力
創造性解決力	指揮	做計畫	判斷他人的能力
資料整合	戰略性思考	解決問題	人力配置
重視細節	調解	抱持懷疑	經營
找尋新方向	組織適應力	解決人際問題	行銷
高共感力	準備、規畫	修理	觀察
說明力	組成團隊	推銷	監督
發現問題	溝通力	簡單化	準備
完成／收尾	細節確認	教學	校對
資訊篩選	教練力	訓練	報告
接受反饋	提高完成度	管理能力	確認
款待人	發現力	提供建議	設計
影響力	價值評估	控制他人	說話
訪談	資訊編輯	諮商	團隊合作
學習	問題修正	決策力	細節追蹤
開展專案	團隊引導	幫助他人成長	掌控事情發展方向
提振士氣	發想點子	提供情報	
交涉力	幫助他人	研究	透過對話引導決策
組織化	有想像力	交辦工作	
說服力	推動力	建構理論	幫助他人找到合適位置
簡報力	下指令	資料蒐集	

輔助練習❷ 比較優勢日記

~從日常行動中找出自己的特殊能力~

「比較優勢日記」是協助你持續觀察並思考自己平時使用哪些能力的練習。這項練習是正向心理學領域長久以來使用的技巧，在此以「比較優勢」的觀點重新打造。

如果你有以下困擾：

◎不知道自己的「優勢能力」

◎不知道自己能夠發揮哪些特殊能力

可以從這項練習著手。以下是具體的實踐方法：

①在你選定的戰場上（比如職場或興趣小組等），設定手機或手錶鬧鐘響鈴三次。三次

響鈴的間隔可以是數分鐘或數小時，但盡量讓鬧鐘在不規律的時間響起。

② 鬧鐘響起時，請在學習單（P205）上記錄當時的時間。同時，記下當時自己正在做的事（例如：製作文件、與同事交談、練習鋼琴等）。

③ 為該活動打分數，根據以下兩個標準進行評估，滿分十分。

對群體的利益

評估你正在做的這件事能夠為戰場上的相關人員帶來多少利益？這不僅限於金錢上的利益，也包括：讓同事感到開心、改善群體的氣氛，或是能幫助高績效者。請從更廣泛的面向來評估利益。如果該活動沒有帶來任何利益，請打零分；如果能帶來大家都認同的巨大利益，請打十分。

難以模仿的程度

評估這件事在戰場上有多難被他人模仿？如果即使你不做也無所謂，或是其他人也能做到的話，請打零分；如果群體內只有你能完成的話，請打十分。

④請檢視你剛才打的分數，挑選出「對群體利益」及「難以模仿的程度」合計得分超過十四分的事情，並回想你使用了哪些能力來完成這件事，然後把這些能力寫在你的優勢能力清單中。如果不確定自己使用了哪些能力完成這件事，請參考「比較優勢清單」（P200、201）

以上就是「比較優勢日記」的實踐方法。當你蒐集越多資料，就越能認識自己的特殊能力。建議這項訓練最少持續進行兩週。

《輔助練習②》

比較優勢日記

～從日常生活中找出自己專屬的特殊能力～

① 記錄鬧鐘鈴響時間以及當下正在做的事

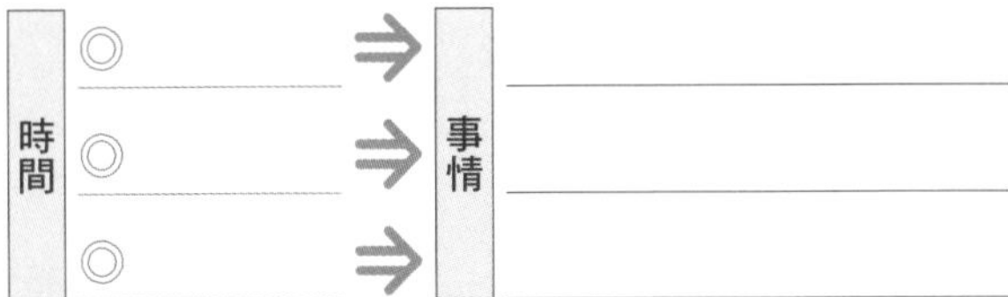

② 評分你正在做的事情，滿分10分

Ⓐ

對群體的利益 ／10分 ＋ 難以模仿的程度 ／10分 ＝ 合計 分

Ⓑ

對群體的利益 ／10分 ＋ 難以模仿的程度 ／10分 ＝ 合計 分

Ⓒ

對群體的利益 ／10分 ＋ 難以模仿的程度 ／10分 ＝ 合計 分

③ 把合計超過14分的事情會使用到的「優勢能力」，填入此欄

輔助練習③ 探索他人的「比較優勢」

～看見別人的「比較優勢」，有助認識自己的「比較優勢」～

這項練習正如其名，是藉由觀察他人的行為來思考自己的能力。根據正向心理學的研究，大多數人如果有機會觀察到「其他人如何運用能力」，會比只靠自己思考，更能得出正確的答案（※1）。

如果你有以下煩惱：「我的『比較優勢』是什麼？」「我能夠在戰場上獲得正面評價的能力是什麼？」可以依照以下順序練習，藉由檢視他人的行動，將結果填寫在P208的圖表中。

①想像你的戰場上的兩種人：「成功者」和「普通人」。

②舉出這兩人平時表現最突出的能力，各舉出三項（如果想不出來，可以參考P200、201的「比較優勢清單」）。

③思考這兩人在團隊或社群中，如何運用這些能力來取得成果。

雖然這項練習可以只在腦海中進行，但是提筆寫下來會更有效果。在選擇成功者的例子時，建議挑選二到三位來分析。

※1 以正向心理學研究聞名的萊恩·尼米克（Ryan Niemiec）分析多項先行研究以後，提出「約百分之九十五的人不善於探索自己擁有的能力，因此透過觀察別人是比較好的方式」（2）。

《輔助練習③》

尋找他人的比較優勢

① 寫下你所在戰場上的「成功者A」和「普通人B」

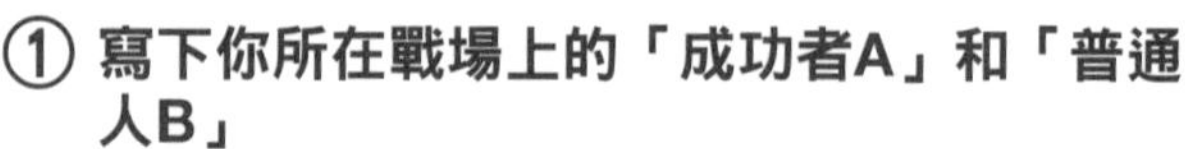

② 舉出 和 最常發揮的能力各3項

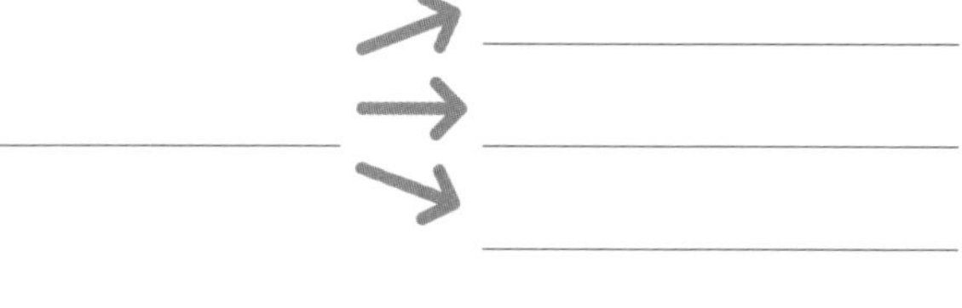

③ 寫下這兩人如何運用能力，貢獻所屬的群體或社群

認識自己，是人生中最重要的一課

貓師父：做過前面的練習以後，你應該已經了解自己的能力和他人能力的相對位置了。

弟　子：是，我也大致了解自己哪些能力具有「比較優勢」了。

貓師父：然而，**團體內的能力關係每時每刻都在變化，所以我們今天做的分析無法只做一次。**至少每半年就要重新分析，再次確認自己的「比較優勢」。

弟　子：因為有新成員加入，或是人力部門異動，自己的「比較優勢」也會隨之改變，對吧？

貓師父：沒錯。**無論如何，想在特殊能力戰鬥勝出，最重要的是深刻了解自己在群體中的位置。**只要找到自己的位置，自然就會知道該怎麼做。

弟　子：無論如何，都先從自我分析開始。

貓師父：我的師父曾說過：「人類也好，動物也好，認識自己是人生中最重要的一課。只要能做到這點，人類也值得受到貓的尊敬。」（※2）

弟　子：哇，原來您也有師父。這句話真是發人深省。

貓師父：他可是江戶時代出生的大前輩呢。既然你已經認識自己了，我們就前往第二步驟。接下來，我要帶你了解如何熟練運用自己的特殊能力。

※2 出自夏目漱石《我是貓》。

網路上知名的能力測驗，有哪些陷阱？

弟　子：想探索自己的天賦，難道不能用更簡單的方式嗎？比如「蓋洛普優勢測驗」（Gallup StrengthsFinder）那種網路測驗？

貓師父：我不認為那些測驗不好，但並不推薦。

弟　子：可是似乎很多人都做過耶。

貓師父：這類測驗中，最有名的是以下這兩項。兩者都是探討天賦的書籍最常引用的經典測驗。

◎VIA性格優勢測驗：這是以正向心理學研究聞名的心理學家馬汀・塞利格曼（Martin Seligman）所開發的測驗。塞利格曼用歷史上許多偉大的哲學家與宗教家研究作為基礎，打造出這套測驗，他將性格優勢分為六大類、二十四種。測驗是免費的。

◎蓋洛普優勢測驗：因《現在，發現你的優勢》（*Now, Discover Your Strengths*）一書而聲名大噪的測驗，由教育心理學家唐納．克利夫頓（Donald O. Clifton）所開發，用於評估三十四種不同的優勢。

弟　子：這兩種測驗我都做過。這些測驗可靠嗎？

貓師父：我不會說不可靠。因為兩者都有經過大數據的驗證。尤其是VIA個人性格優勢測驗，過程中有五十五位社會學家參與，費時三年，研究的規模和水準都不低。

弟　子：聽起來很完美啊！

貓師父：但兩者還是存在限制。最大的問題是，這兩個測驗只區分出二十四種或三十四種才能，無法涵蓋所有人類的才能。

弟　子：也就是說，才能的種類不夠多嗎？

貓師父：沒錯。比如，「認識自我」、「有耐心」、「自動自發」這些才能，都沒有包含在這兩種測驗裡。

弟　子：竟然沒有！這些能力看起來都對人生很有幫助。尤其是「認識自我」，這可以說是提升才能不可或缺的能力。

貓師父：此外，這些測驗的研究地點都是在美國，因此並未包含亞洲文化重視的能力。比如：「中庸」、「節制」，這些特質對於在兩種極端主張之間求取平衡、保持圓滑以促進溝通非常重要。

弟　子：也就是說，這些測驗帶有西方價值觀的色彩。

貓師父：還有一個問題是，某些才能只有其中一種測驗提及，另一種則無。例如，VIA性格優勢測驗中有「幽默」這項才能，但蓋洛普優勢測驗卻沒有。

弟　子：真是出乎意料。我以為幽默是很重要的才能。

貓師父：這類例子只是冰山一角，至少有一百種以上的才能是這兩項測驗都沒有涵蓋的。然而，人類的才能有千百種，甚至有很多天賦目前還沒有被明確定義和命名。

弟　子：你這麼說，二十四種或三十四種才能確實不夠用呢。

貓師父：此外，翻譯也是一大問題。這些測驗雖然都有日文版，但是曾經發生過同一個人接受日文版和英文版測驗，卻得出不同的結果。

弟　子：畢竟語意的細微差異，會造成很大的影響……。

貓師父：在網路上做這些測驗雖然不是毫無意義，但要記住，這兩種測驗都沒有涵蓋人類所有的才能，而且都是以西方的價值觀為基礎。如果全然信任測驗結果、不加反思，可能會因此忽視自己的潛能。

弟　子：看來，將這些測驗作為自我分析的參考工具比較合適。

解答篇 3

學習純熟使用特殊能力

～「特殊能力戰鬥之競技場」～

如何在現實中發揮你的特殊能力？

貓師父：當你了解了自己的「比較優勢」後，接下來就要思考如何運用。這個階段的重點，是在自己選擇的戰場中充分發揮能力，以獲得「評分員」的正面評價。為此，你必須達成以下兩項目標：

①正確運用自己的「比較優勢」。

②主動向評分員宣傳你的優異表現。

弟　子：咦，除了發揮能力，還需要練習自我推銷嗎？

貓師父：沒錯。如果你把特殊能力發揮得淋漓至盡，卻沒人知道，也是毫無意義。只有自己覺得「我真是表現得不錯啊」，不過是自我滿足罷了。

用「猿蟹合戰」來比喻，就像是所有角色活用了自己的「比較優勢」、戰勝猴子，並且得到小螃蟹們（評分員）的讚賞。必須達到這一步，才能稱為「具有才能」。

弟　子：因為**「才能」是指得到周圍人認可的優異表現**，對吧。

貓師父：為了實現這個目標，你必須時時牢記「活用比較優勢」和「自我推銷」。接下來，我們來看看如何練習結合這兩件事吧。

◆**探索如何正確運用特殊能力**

練習3 比較優勢的活用訓練

在前幾章的練習中，我們已經學會如何找出自己的「比較優勢」。但是，無論發掘出多少種有用的能力，如果不能將其運用在現實世界中，便是糟蹋才華。

因此，接下來我要介紹**「比較優勢的活用訓練」**。這項練習來自正向心理學，

原本是用於改善心理狀態的技巧，這裡則改造成「探索如何運用才能」的方法（※1）。請按照接下來的說明步驟填寫P223的學習單，你就能漸漸了解如何運用「比較優勢」。

Ⓐ請從「比較優勢分析圖表」（P196）**中，挑選一項你的「優勢能力」。如果有多項「優勢能力」，就選出「能力值」及「實用程度」總分最高者。**

反之，如果沒有任何一項能力贏過周遭表現傑出者，請依照以下步驟練習：

甲從「比較優勢分析圖表」（P196）挑選出「能力值」及「實用程度」排名第二及第三的優勢能力。

乙回到「比較優勢分析」的第一個步驟（P177），嘗試從另一個戰場尋找你的優勢能力。

上述兩種方法你可擇一進行，但基本上建議同時執行。因為要找到能發揮特殊

能力的場域，你需在多種戰場上持續探索自己的「比較優勢」。

大多數人傾向選擇職場或興趣相關的領域當作戰場，但你能活用特殊能力的場域並不局限於這些地方。其他戰場包括：線上社群、地區性的集會、家族聚會、藝人的粉絲團、社會人士社團、公司內部的次團體等，你的特殊能力可能可以在這些地方派上用場。

假使你只選擇一個特殊能力戰場，萬一失敗，不僅需要花很多心力重新調整，而且還有很高機率會錯過其他適合發揮能力的戰場。正如同我們在〈解決篇①〉中曾經提過的，弱者如果想要取得勝利，就必須多方探索多樣性更高的群體，從中尋找更能發揮自己「比較優勢」的場所。因此，你也應該盡力讓自己的優勢能力組合變得更加豐富多元。

※1：原本是密西根大學的克里斯・彼德森（Christopher Peterson）等為了改善憂鬱症病情而開發的訓練方法（1）。根據彼德森的研究，受試者每天實行這項訓練，持續一週後幸福感提升、憂鬱症狀減少，而且這樣的變化持續長達六個月。

Ⓑ針對你挑選出來的「比較優勢」，思考「今天可以用什麼新方法來運用這項能力？」例如：

◎假設「耐心」是你的優勢，請列舉出你認為「非常麻煩」的工作，然後發揮耐心一一完成。

◎假設「好奇心」是你的優勢，請思考：「是否有我未嘗試過的工作？」或「是否有截然不同的工作方法？」然後付諸實踐。

Ⓒ將剛才想到的構想，記錄下來。例如：

◎為了發揮「耐心」這項特殊能力，今天完成了之前一直拖延的事情。

◎為了發揮「好奇心」這項特殊能力，今天在健身房嘗試了新的訓練。

Ⓓ**按照A～D的步驟，每天進行這項練習，至少持續一週。**你可以選擇連續一週使用相同的特殊能力，也可以每天切換練習不同的特殊能力。

Ⓔ**一週後，請檢視自己的成果，並思考以下問題，最後把答案記錄下來。**

Q 當你有意識地運用特殊能力時，感覺如何？

Q 你在運用特殊能力的過程中，學到了什麼？

Q 你成功為所屬團體（尤其是評分員）帶來什麼利益？如果有的話，以滿分十分為標準，能拿到幾分呢？（可以用主觀方式計分）

附帶一提，**最後一個問題所提到的利益，並不限於金錢上的利益。**只要是對你的戰場有貢獻的事，都算是「利益」，包括：改善團體內部氣氛、協助高績效者完成工作、減少無意義的會議等。

Ⓕ最後，回顧以上步驟，將活用「比較優勢」的方法，寫成一句具體的描述。例如：

◎我擁有「共感」「擅長溝通」等優勢，因此能夠理解公司大客戶的需求，同時清楚且準確地傳達給同事。

◎我擁有「研究能力」的優勢，可以積極參與公司的專業開發企畫，為高績效同事提供了重要情報。

◎我擁有「高財商」的優勢，可以在跑步社團中負責管理資金，讓社團的定期活動能夠順利舉行。

完成後，請根據上述文句來行動，並檢驗是否達成預期的成果。同時，也要有意識地重複Ⓐ～Ⓔ的步驟，不斷探索有沒有新的方法來運用自己的特殊能力。

《輔助練習③》

比較優勢的活用訓練

Ⓐ 寫下你的「比較優勢」

Ⓑ 思考Ⓐ有沒有新的活用方式

Ⓒ 簡短寫下步驟Ⓑ得出的想法

Ⓓ 執行步驟Ⓒ的句子

以一天為單位，次數越多越好

重複步驟Ⓐ～Ⓓ，持續一週

Ⓔ 檢視成果

Ⓕ 以步驟Ⓐ～Ⓔ為基礎，找到比較優勢的活用方法，寫成具體的一句話！

兩種聰明的「自我推銷法」，讓其他人知道你的優秀表現

貓師父：**「比較優勢的活用訓練」是發揮特殊能力的基本功。**只要持續這項練習，你就會越來越了解如何在戰場上採取行動。

弟　子：我之前從來沒有想過，可以找到新的特殊能力運用方式。

貓師父：**越常做這項訓練，運用的準確度就會越高，把它變成每日習慣吧！**

弟　子：好的！

貓師父：目前為止，你們已經學會如何正確運用自己的特殊能力了。接下來，我們談談打贏特殊能力戰鬥的最後一個關鍵：「自我推銷」。

弟　子：意思是要讓周圍的人知道自己的成就，對吧？我理解這很重要，但有點擔心**萬一我看起來像是在自吹自擂，會不會造成反效果呢？**

貓師父：確實有可能。許多研究指出，常常自誇的人往往被認為自我感覺良好、對

他人缺乏體諒。這種現象普遍存在於各國，因此「自誇」被視為負面印象，可以說是全世界共通的。

弟　子：這樣的話，還是謙虛一點比較好吧？

貓師父：但是，從另一方面來看，**想在社會上有所表現，一定需要自我推銷。**舉例來說，有一項研究檢視了超過十萬份論文，觀察到男性科學家通常比女性更常使用「這項研究很獨特」或是「我是第一個做這類調查的人」這類誇大描述。進一步分析後更發現，自我推銷色彩較強烈的論文得到良好評價的機率，比其他論文高出百分之十左右（※2）。

弟　子：科學家竟然也會被自我宣傳的話語影響！

貓師父：在重視客觀的科學界都是如此了，商務界自然更不在話下。一項針對一千五百名商務人士的研究指出，男性往往更擅長大力宣傳自己，因此比起能

※2：曼海姆大學等的調查（2）。分析十萬一千七百二十份臨床研究論文後得出，女性積極自我推銷的比例較男性低百分之二十一·四。此外，積極自我推銷的論文的被引用次數比平均高了百分之九·四，在影響指數較高的類別中，這一數值則增加百分之一百三十。

力相當的女性，更容易獲得上司的正面評價（※3）。

弟　子：連數據都證明了啊……。

貓師父：沒錯。**如果你不親口說出自己的成果，周圍的人就不會注意到你的價值。然而，還是有不少人認為「只要把工作做好，就會獲得肯定」。**

弟　子：老實說，我本來也這麼覺得。

貓師父：而且，就像我們在〈問題篇②〉討論過的，自信滿滿的人確實背負著惹人厭的風險，但另一方面也更容易給人「能力很強」的印象（※4）。如果被這類人的氣焰壓倒，不敢自我推銷，就會被空有自信而欠缺能力的人搶走機會。

弟　子：那可不行！

貓師父：為了避免這種情況，你們要學會如何自我推銷但不顯得自吹自擂。

◆**探索「正確的自誇方法」**

練習④ 自我推銷規畫

「自我推銷規畫」是理察・艾菲商學院（Richard Ivey School of Business）等研究團隊所開發的練習。這套練習的目的在於提升商務溝通能力，能夠提升員工談判能力、改善演講技巧、提高資訊傳遞效率（5）。

請依照P236的學習單，按照以下步驟來進行。

Ⓐ內容規畫

第一步是深入探索你想要推銷的事物。請先思考以下問題：

※3：哈佛商學院的一項研究招募一千五百名商務人士，檢測其分析能力及自我推銷能力。結果顯示，男性對自己的工作表現評分比女性自評分數高百分之三十三，而擅長自我推銷的商務人士也更能獲得雇主更高評價、所得較高（3）。

※4：《哈佛商業評論》於二〇一三年的主題文章中討論「為什麼有那麼多能力不足的人成為領導者？」這篇文章回顧了過去的觀察研究，指出男性常因為與生俱來的自信而較容易在社會上晉升高位，但其傲慢無能也往往導致團隊走向崩壞（4）。

Q 你曾經在什麼情況下活躍發揮特殊能力？

Q 你想要推銷的貢獻、業績、成就是什麼？

Q 為什麼你想要宣傳這項貢獻、業績、成就？

Q 透過這次自我推銷，你希望展示什麼特殊能力？

將想好的內容寫在學習單上。

如果你不擅長稱讚自己、自尊心較低，可能會想不到自己的值得推銷之處，你可以定期記下自己的成功案例，寫成備忘錄。方法如下。

①每週一次，花十分鐘回想「這週有哪些事情做得很好」。

②將答案整理成簡短句子並記錄下來（例如：「監督十二位兼職人員的工作情形」、「協助管理層重新設計新進職員的訓練方式」等等）。

無論多麼微小的成就，只要持續累積，就能形成你專屬的「成功備忘錄」。你可以從這份備忘錄中，找出你最想自我推銷的事情。

Ⓑ評分員規畫

下一步則是分析評分員，也就是你的自我推銷對象所具備的特徵。請一邊想像你在「戰場分析」（P179）所寫下的評分員樣貌，一邊思考以下問題：

Q 你對「評分員」的了解程度為何？

Q 「評分員」對你的貢獻、業績、成就，了解多少？如果「評分員」對我一無所知，有什麼方法可以讓他們得知你的貢獻、業績、成就？

Q 什麼樣的資訊和行動最能夠激發「評分員」的興趣？

Q 「評分員」之中是否存在與主流群體看法不同的次要群體（例如公司存在兩種派系）？若有，這個次群體的評價標準是什麼？

請用簡短的句子回答上述問題，寫在學習單上。

Ⓒ資訊傳遞規畫

在這一步中，我們要探討如何將自己的貢獻、業績、成就傳達給「評分員」。

請思考以下問題：

Q 應該用什麼方式來達到自我推銷的目的，比較合適？是直接告知自己的貢獻、業績、成就？還是間接地表達？需要夾雜一點失敗的案例嗎？

Q 使用這種方式傳達，會帶給「評分員」什麼樣的印象？他們有什麼反應？

請用簡短的句子回答這些問題，寫在學習單上。如果無法決定用什麼方式自我推銷，可以參考以下兩點：

＊成功故事一定要加入失敗案例

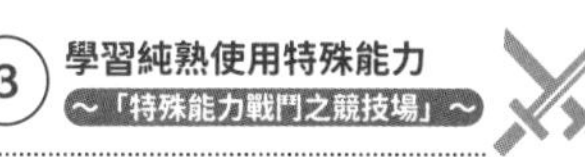

傳達自己的貢獻、業績、成就時，除了提供正向資訊，也建議加入一些負面的元素。例如：

「這個專案在大功告成之前，經歷了不少困難。起初，我們沒有成功將企業的使命感傳達給客戶，因此遭遇了一連串失敗。」

請試著像這樣，在描述功績時加入一些個人弱點與失敗經驗。這樣不僅可以降低講者的自誇色彩，還能提升親和感與可信賴感（※5）。就如同暗處的光更醒目，把正面資訊穿插在負面資訊中，會讓自己的成就更加顯眼。

使用這個方法時，請注意正面與負面資訊的比例約為一半。如果負面資訊太多，可能會讓對方感到擔憂，請務必注意。

※5：哈佛商學院做了一項研究，請所有受試者聆聽成功創業者的演說，然後詢問受試者的感想。受試者對大部分講者都感到嫉妒，只有對唯一一位提到自己失敗事例的創業家，抱持較高的好感（6）。

＊表現出想要獲得建議

面對地位比自己高的「評分員」，尋求建議也是不錯的方式。例如，面對上司、前輩時，可以詢問：「這是我過去半年完成的成果，請問有什麼地方可以做得更好嗎？」這樣一來，對方自然會接收到你的成就，也能夠避免留下自誇的印象。

你可以展示P237的「成功備忘錄」內容給對方，並請教：「關於我完成的這工作，希望能得到您的建議……」，這樣做能得到不錯的效果。藉由這種方式，表面上是尋求建議，實際上是在對方的腦海中植入您的成就印象。

Ⓓ媒體規畫

最後，我們要思考該使用何種媒體和管道來自我推銷，最能有效傳達自己的貢獻、業績、成就，請根據以下的問題來協助評估：

Q 最適合向「評分員」推銷自身成就的方式是：當面說明？利用社群網路？整理

成書面報告？還是投稿外部的業界刊物、部落格？舉辦研討會或講座？

Q「評分員」有沒有偏好特定媒體或管道？是否需要為這場自我推銷留下紀錄？

Q使用該媒體時，是否會產生金錢或時間上的問題？

用簡短的句子回答這些問題，寫在P236的學習單上。

順帶一提，這裡所謂的「媒體」，不限於社群網路及部落格等資訊工具，「人」也可以是媒體。你可以尋找願意為你宣傳的人，透過他們宣傳你的業績和貢獻，也是一種相當有效的自我推銷方式。

舉例來說，史丹佛大學曾做過一項實驗，針對一百二十五名受試者，請他們評價兩種模式的「自我推銷」（※6）。

※6：史丹佛商學研究所的傑夫瑞・菲佛（Jeffrey Pfeffer）等所做的研究，給予受試者「決定新進候選人薪資」的任務，並準備了兩種模式的面試用劇本，請他們區別對兩種「自誇」有何不同印象（7）。

①自己說：「跟我一起工作過的人，都說我很有領導才能。」
②他人說：「跟他一起工作過的人，都說他很有領導才能。」

結果顯示，第二種方式的效果明顯更好。透過他人傳遞的誇耀，會比自己宣傳更能帶來好印象，並且讓人覺得你能力很強。因為從別人口中得知的訊息，往往比自己說得更真實，這點在直覺上不難理解。

其他研究也顯示藉由他人誇耀來宣傳自己的表現是有效的，因此這是一項必須掌握的自我推銷技巧（※7）。平時就可以留意你的同事、上司、客戶、同好中，有誰可能成為你的夥伴，然後試著請他們幫助傳達你的成就。

或許會有人覺得這樣做令人害羞，但根據康乃爾大學等的調查，大多數人接受這類請求的機率比一般預期還要高出約50%（※8）。因此，**請務必放下短暫的羞怯，大膽請求他人成為你的推銷代言人吧。**

如果找不到合適的代言人，可以先轉換心態，將注意力放在「稱讚他人」上。

◎把同事很努力蒐集專案所需資料的情況告訴上司。
◎把興趣社團中某位成員協助處理行政作業的事，告訴其他夥伴。
◎找出群體中表現很優秀的人，再次稱讚他們的工作表現。

你可以先主動稱讚周遭的人，只要對方沒有過於自戀或心理異常，大多數人都會做出相對應的回應，開始主動稱讚你（※9）。抱著播種的心態，積極讚美他人的成就與貢獻吧！

※7：舉例來說，凱洛管理學院有一項研究，模擬過去曾發生的幾項不動產交涉案件，證實了出售方僱用代理人時，物件的售出價格會比較高（8）。

※8：康乃爾大學的研究團隊做了一項實驗，請受試者對其他一萬四千名以上參加者提出各式各樣的請求。結果發現參加者都過於低估他人同意自己請求的可能性，受試者的普遍期待比實際情形低了百分之四十八（9）。

※9：社會心理學中有所謂「互惠原則」的現象。最有名的例子來自楊百翰大學的實驗，研究團隊隨機挑選了六百人致贈聖誕卡片。一般認為收到來自陌生人的聖誕卡片時大多數人會當場丟棄，但實際上有將近半數的人回贈卡片。

《輔助練習④》

自我推銷規畫

Ⓐ 內容規畫

Ⓑ 評分員規畫

Ⓒ 資訊傳遞規畫

Ⓓ 媒體規畫

範例

《輔助練習④》

自我推銷規畫

Ⓐ 內容規畫

為了推動專案，重新清點公司內部資源，設計出獨特的行程管理工具，發揮自己的「計畫性」這項特殊能力。客戶的滿意度顯著提升，案件的續約率比過去高10%。

Ⓑ 評分員規畫

「評分員」是直屬上司以及更上層的部長。兩位都知道案件續約率提升，但並不知道是我設計了專屬的行程管理工具。我可以傳達這項事實，以展現「計畫性」能力。

Ⓒ 資訊傳遞規畫

向兩位「評分員」展示自己的行程管理工具，同時請教更迅速完成專案的祕訣，應該是不錯的自我推銷法。

Ⓓ 媒體規畫

自己口頭報告已經有推銷的效果了，但如果能讓前輩A稱讚我的行程管理工具，藉此把資訊傳達給兩位「評分員」，效果可能會更好。

「過度使用」或「過度閒置」特殊能力，都是大問題

貓師父：學習完如何運用特殊能力以及自我推銷之後，我們再來看看一些輔助練習吧。之所以安排這樣的練習，是因為**大多數人在使用特殊能力時都會遇到兩個問題：「過度使用」以及「過度閒置」**。

弟　子：這是什麼意思呢？

貓師父：「過度使用」的問題大家應該都很熟悉。例如，如果過度使用「自信」這種能力，就會淪為「傲慢」。同樣地，過度使用「協調性」就會變成「欠缺自主」；過度的「決斷力」會變成「蠻橫」；過度的「柔軟」則會變得「缺乏核心價值」。**能力只要稍微使用過頭，就會一下子變成弱點，這種情況並不罕見。**

弟　子：的確，常有人說「長處的反面就是短處」。我也發現我的上司在狀態好的

時候，會讓人覺得「很有自信又可靠」，但是當事情不順利時，他的工作方式就會變得很蠻橫。

貓師父：此外，**「閒置能力」同樣也會是問題。**例如，有些人大部分事情都充滿好奇心，卻唯獨對公司內部的人際關係漠不關心；或是有些人一向非常謹慎，卻在指導部屬時變得很散漫。這些都是在特定狀況下無法發揮能力的例子。

弟　子：這麼一說，我平常也是工作時都很慎重，但在準備會議資料時卻會變得很散漫，導致被責罵……。

貓師父：能力的「過度使用」及「過度閒置」都是很常見的現象，但大家平時都不會特別留意，所以很難察覺（※10）。

※10：正向心理學家萊恩．尼米克（Ryan M. Niemic）等人，分析了有關人類能力的先行研究後指出，要充分活用人生的能力，必須找出適用於當下環境的正確組合、背景以及發揮程度。三項理想要素齊備時，就稱作「能力的黃金平衡」（11）。

弟　子：確實，大家平時都不太留意自己的能力究竟發揮得太多，或是太少。

貓師父：正如哲學家亞里斯多德說過的：「所有美德都來自於在『過度』與『缺乏』間取得平衡。」比如：「勇氣」是「輕率」與「膽怯」之間的平衡狀態；「溫柔」則誕生於「自我犧牲」與「冷漠」的平衡點。如果想要正確運用特殊能力，就要時時思考如何保持中庸之道。

輔助練習❹「過度使用／過度閒置」分析

～調整特殊能力的運用方法～

這項練習的目的是，幫助你用合適的程度發揮「比較優勢」。請依照下步驟進行：

Ⓐ從「比較優勢的活用訓練」（P223）**中，挑選出你能想發揮的特殊能力，**並將

其填入P243的學習單。

Ⓑ**首先，思考「過度使用這項特殊能力會發生什麼事？」**可以透過以下問題來解答：

Q 當你的特殊能力太強大時，會發生什麼事？其他人會怎麼想？

Q 你曾經因為某個特殊能力被其他人責備嗎？責備的內容是什麼？

Q 你是否會正當化自己的行動與發言？

請把答案填寫在學習單的「過度使用欄位」裡。

Ⓒ**接著，思考「過度閒置這項特殊能力會發生什麼事？」**

Q 你的特殊能力的反義詞是什麼？

Q 為了避開上述陷阱，你應該採取什麼行動會比較理想？

Q 你憧憬別人的哪些特質？

請把答案填寫在學習單的「過度閒置欄位」裡。

如果你想不到「過度使用」及「過度閒置」的例子，請參考P244、245的表格。這份表格列出了容易發生「過度使用」、「過度閒置」的典型案例，請參考這裡的內容，找出符合自己情況的正確答案吧。

Ⓓ最後，思考特殊能力的最佳使用法。

Q 不過度使用、不過度閒置特殊能力的平衡點在哪裡？

Q 如果改善「過度使用」及「過度閒置」的缺點後，會出現哪種結果？

Q 如果結合並改善「過度使用」及「過度閒置」的優點後，會出現哪種結果？

請把答案填寫在學習單的「最佳使用法欄位」裡。這就是你應該有意識地設定並追求的正向能力。P244、245頁整理了一些具體的例子，可以作為自我分析的參考。

《輔助練習④》
「過度使用／過度閒置」分析

【例】

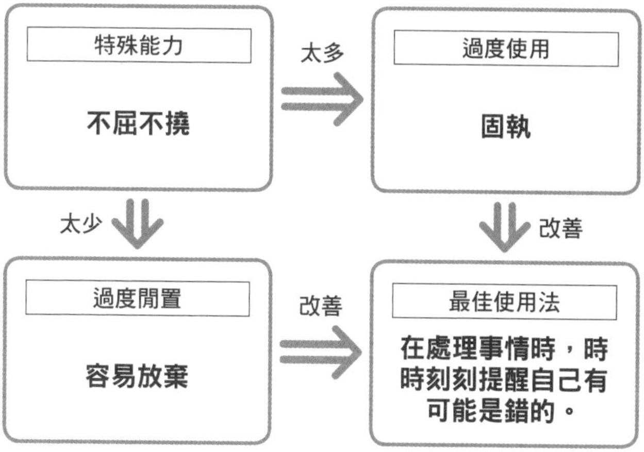

特殊能力	太多 ⇒	過度使用
不屈不撓		固執
太少 ⇓		⇓ 改善
過度閒置	改善 ⇒	**最佳使用法**
容易放棄		在處理事情時，時時刻刻提醒自己有可能是錯的。

【記入欄】

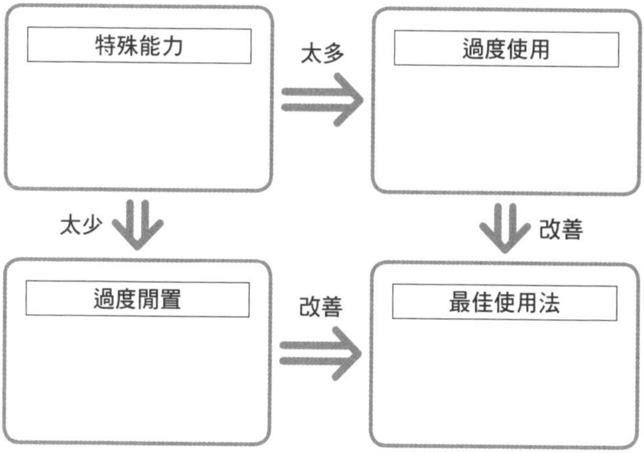

特殊能力	太多 ⇒	過度使用
太少 ⇓		⇓ 改善
過度閒置	改善 ⇒	**最佳使用法**

◎特殊能力最佳使用法【範例】

特殊能力	過度使用	過度閒置	最佳使用法
創造力	行為古怪	想法平庸	發揮能夠融入社會的原創性
好奇心	喜歡追問到底	毫不關心	依據風險評估結果來探索新事物
重視理性	心胸狹隘、訕笑他人	非理性	追求道理但保持心胸開闊
學習欲	累積不必要的知識	停滯於現狀	依照優先順序學習該做的事
眼界寬廣	遺漏細節	心胸狹隘	用寬廣的心看事情但留意關鍵細節
勇氣	不看後果	膽小	對抗逆境同時做好風險管理
誠實	不顧慮別人的心情	說謊	說真話的同時為對方著想
不屈不撓	固執	容易放棄	在處事中時常反思自己有犯錯的可能
關懷	多管閒事	冷漠	在尊重對方隱私的基礎上表達共鳴
熱情	單打獨鬥	消極無力	注重團隊合作的同時，保持自己的動力
博愛	犧牲自我	情感疏離	關懷他人同時保護自己
共感力	過分情緒勞動	獨善其身	同情對方的感受但不過分投入

特殊能力	過度使用	過度閒置	最佳使用法
公正	不支持任何一方	意見及立場偏頗	聆聽雙方說法同時明確表達自己意見
領導	強橫	言聽計從	帶頭前進同時理解周遭人的心情
團隊合作	沒有自主心	任性	表達自己的意見同時也為團隊效力
寬容	縱容	冷酷無情	在給予寬恕前充分表明底線
謙虛	自我懷疑	盲目自信	在正確認識自己能力的情形下退一步
謹慎行事	正直而無趣	情感用事	預先準備最終決策方式以免戒慎過度而無法行動
自制	禁慾	怠惰	為了不失去人生的喜悅，學會掌控自己
審美能力	以品味自傲	揮霍	放下自尊專注於看出事物的價值
感恩	造成對方壓力	無禮	向對方表示好意但避免用強加的方式
樂觀	逃避現實	負面悲觀	抱持切合實際的期待
幽默	惡作劇	太嚴肅	避免開讓周遭的人嫌惡的玩笑
有原則	不寬容	無秩序	對他人寬容同時保有自己的信念

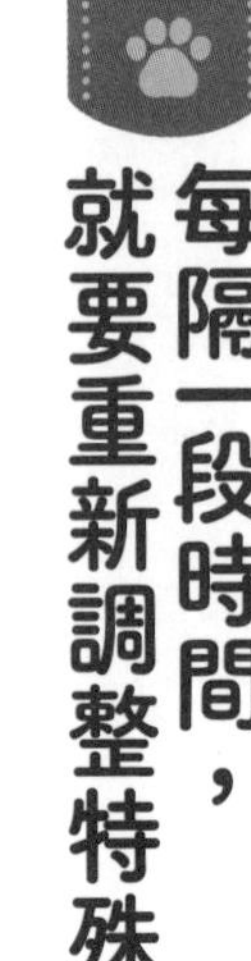

每隔一段時間，就要重新調整特殊能力

貓師父：那麼，我的說明就到此為止。簡單複習一下，想在特殊能力戰鬥中取勝，你需要熟悉以下四大最基本的練習。

步驟1 決定作戰方式

Ⓐ戰場分析：明確定義自己的戰場。

Ⓑ比較優勢分析：認清戰場的規則，以及場上可使用的特殊能力。

步驟2 熟練運用特殊能力

Ⓒ比較優勢的活用訓練：探索特殊能力最有效的使用方式。

Ⓓ自我推銷規畫：把自己的成果傳達給評分員。

只要反覆執行這些步驟，你們就能認識自己的「比較優勢」，並且能夠熟練運用。接下來，如果能成功向評分員自我推銷，你們的特殊能力就足以被稱為「才能」。

弟　子：我終於清楚該如何找到才能了！

貓師父：不過呢，以上所有練習，都不是只做一次就算大功告成。每當你換工作或搬家，特殊能力的戰場就會改變，假使有優秀的新人到職，公司的權力平衡也會發生變化，又或者你的競爭對手忽然表現得非常傑出，許多情況都會讓你必須重新分析「比較優勢」。我教給你的才能地圖，只是個開端而已。

弟　子：**每當現況改變時，就必須重新分析。**

貓師父：沒錯。尤其我們所處的時代變化非常迅速，能夠獲得正面評價的能力也會逐漸改變。因此，你們每次面臨變化，就必須重新分析自己的定位、調整特殊能力的運用方式。

弟子：有聽起來像適者生存的理論呢！

貓師父：完全正確。這種思維方式其實非常類似所有生物在進化過程中所使用的策略。舉例來說，你們人類的身體其實相當脆弱，跑的速度不快，沒有鋒利的尖牙，身體力量也比不上大部分的動物。以生物來說，其實滿脆弱的。

弟　子：確實。論身體強度，人類輸給許多種動物。

貓師父：**但即使如此，人類還是繁衍得非常興盛。這是因為你們的祖先在原始時代調整了生存方式，充分發揮「智力」這項比較優勢**，人類才能彌補身體上的弱點，在食物鏈的戰鬥中取勝。

弟　子：也就是說，人類的祖先充分發揮了特殊能力。

貓師父：不過在這方面，貓科動物表現得比人類更好。

弟　子：什麼意思？

貓師父：你覺得家貓擁有什麼「比較優勢」？

弟　子：呃……動作敏捷、平衡感絕佳之類的吧。

貓師父：**錯了。我們最強大的能力是「可愛」**。

弟　子：這是什麼意思……？

貓師父：有一項研究收集了各種不同類型的貓，調查牠們的叫聲和行為（※11）。結果發現，野貓會對各種外敵無差別吼叫，但家貓只對人類叫，而且只會發出「喵」這種可愛的聲音。

此外，研究團隊分析家貓的叫聲後，發現比起牠們的祖先山貓，家貓的音調比較高，叫聲也比較短促。簡單來說，家貓把叫聲調整得比山貓更可愛（※12）。

弟　子：貓咪改變叫聲，是為了討人類喜歡嗎？

貓師父：沒錯。結果顯而易見，如今貓成為最受歡迎的寵物，全世界的家貓數量比

※11：韓國慶尚大學的研究團隊收集了野貓和家貓各二十隻，分析、比較每隻貓的行為特性，研究其社會化程度（12）。團隊的結論是「家貓很可能是因為與人類共同生活，學會了用叫聲吸引人類的注意。」

※12：康乃爾大學等的研究，分析山貓與家貓叫聲的音色差異，以及帶給人的印象有何不同。總的來說，家貓叫聲給人的感受比較舒適。音調較高的叫聲與人類嬰兒的聲音相似，更能給人「可愛」的印象，因此叫聲比較可愛的貓，也可能較有機會留下更多的後代（13）。

狗多了兩億隻。換句話說，**我們貓屬動物藉由調整「可愛」這項特殊能力，成功控制了人類的心智，發展出現在的榮景。因此，我可以自信地說，貓才是立於生態系頂端的存在。**

弟　子……。

結語

現代（比你想像的）充滿希望

每個人都有機會發揮所長的時代

貓師父：**我在前言裡說過，「世界上不存在才能，但是每個人都有」**。你還記得嗎？

弟　子：記得。一開始還以為是師父在耍我呢！

貓師父：最後，我們再來複習一下這句話的意思。首先，大多數人把在特定情境下表現優異的特質稱為「才能」，而表現不佳的能力則稱為「缺點」。

弟　子：**也就是說，一個人的能力是否被評價為優秀，取決於不同的情境。**

貓師父：更進一步說，正如我們之前多次看到的，人生無法用遺傳率來預測，也不存在所謂「成功必不可或缺的能力」。這是因為，你會獲得何種評價，取決於群體內的相對能力平衡。所以我才會說，才能根本不存在。

弟　子：因此我們才要分析自己在群體中的「比較優勢」，對吧？

貓師父：沒錯。不過，**換個角度來看，這種思維模式也可以解釋為「任何人都擁有才能」**。

弟　子：就像〈解決篇①〉提過的，「每個人都擁有比較優勢」，對嗎？

貓師父：是的。由於人類的生產力是通過比較來決定的，所以就算你的能力比周遭的人都差，也一定有你可以發揮優異表現的角色和位置。

但更重要的是，這種思維能讓我們看見當下時代所具備的優勢。人們經常說：「這是一個沒有希望的時代」，但從特殊能力戰鬥的角度來看，並非如此。

弟　子：可是……經濟不景氣已經持續很久了，大家都不確定何時會失去工作，實在很難說這是一個充滿希望的時代啊……。

貓師父：這種想法可能也沒錯，但請回想一下，**「在規則越模糊的世界，越容易打贏特殊能力戰鬥」**這項基本規則。

弟　子：這是才能法則的第三點。

貓師父：是的。這項法則在講求「多元性」的時代，具有重大的意義。「多元性」

是什麼，應該不需要我再說明吧？

弟　子：就是能夠接納各式各樣的價值觀、性別、能力、個人差異……之類的，對吧？

貓師父：沒錯。這是一九六〇年代在美國開始普及的思想，如今無論是日本或是世界各地都認同這股潮流。順應著這項趨勢，近年來社會越來越能接受許多人選擇不同的生活方式。過去那種「進入一流企業，結婚後擁有一間獨棟住宅」的生活，已不再是人生的唯一解答。換句話說，評價人生的標準變多了。

弟　子：開好車、買好房、打造幸福的家庭，這樣的生活方式不再像過去那樣受到所有人羨慕了。

貓師父：在多元化的世界裡，擁有更豐富多樣的經驗與能力會更容易被重視。例如，在過去每個人都是九點準時上班，必須透過與上司、同事當面溝通，才可能推動工作進展的時代，個性較外向的人可以說擁有壓倒性的優勢。喜歡與他人對話、個性認真守時的人，更容易獲得較高的評價。

弟　子：評價標準很單一呢。

貓師父：然而，近來遠距工作和彈性工時制越來越普及，新的評價規則也因此誕生。當面溝通的重要程度減低後，內向、怕生的人也能夠發揮能力，彈性工時制實施以後，夜型人的工作表現當然也會提升。

弟　子：也就是說，**過去無法獲得正面評價的特質，在現代更有機會加以運用。**

貓師父：從這角度來看，「自戀」這種特質，也是在現代比過去更容易發揮喔。

弟　子：你是指那種特別偏愛自己的人嗎？

貓師父：是的。在心理學中，自戀者是指那些認為自己比他人優秀，因此自認理應獲得相應報酬的人。

弟　子：聽起來真討人厭。這種性格也有用處嗎？

貓師父：當然有。許多調查指出，自戀者在社群網路上更加積極、擅長自我推銷，也因此擁有更多支持者（※1）。這種特質在網路直播領域來說，是不可或缺的能力。

弟　子：原來如此，當世界擁有越寬廣的多元性，可以發揮的能力也就更多樣了……。

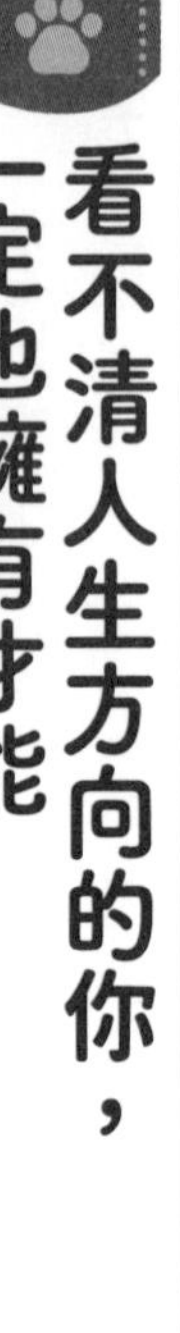

看不清人生方向的你，一定也擁有才能

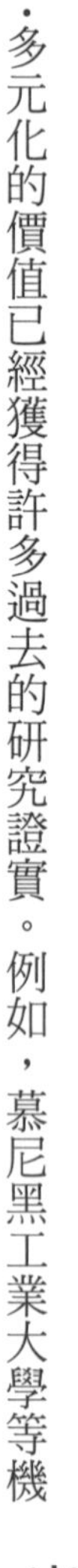

貓師父：多元化的價值已經獲得許多過去的研究證實。例如，慕尼黑工業大學等機構做了一項研究，調查包含美國及法國在內共八個先進國家、一千七百所企業，檢視其員工的多元性與公司收益之間的相關性（※2）。結果發現，**員工的經驗與技能越豐富多元的公司，越能打造出創新的商品，收益也比較高**。

弟　子：這很容易理解。

貓師父：認識到多元化重要性的公司，比如谷歌，會更加注重用適才適所的方式配

置工作。當員工都能發揮各自的能力時，就更容易激發新的想法，最終讓公司收益提升。

弟　子：如果聚集很多能幹的人，大家的能力卻太相似，就只能產出相似的成果。

貓師父：正因如此，**社會多元性日漸增加，肯定是件好事。因為越來越多人能夠發揮過去未獲正面評價的特殊能力。**

※1：中國人民大學等機構做的統合分析，蒐集了八十件研究論文後分析得出一百四十三個效果量（effect size），發現自戀程度高的人在社群網站上更新個人狀態的頻率、照片貼文頻率，以及與他人的互動頻率都比較高，而且是有意識地為之。該分析得出的結論是，這種人在網路上確實可能更受歡迎（1）。另一方面，自尊心較低、孤獨感強烈的人，在社群網站方面則只有總使用量較高。

※2：引自波士頓顧問公司與慕尼黑工業大學的共同研究（2）。該研究團隊針對約一千七百所企業，調查其員工的出生國、其他業別從業經驗、職涯規畫、性別、學歷、年齡等，作為多元性的指標。這份調查資料用來與各企業過去三年新商品占總銷售比的統計資料做比較，以分析該調查資料與公司收益暨創新成果的相關性。結果發現，員工多元性高於平均的企業，創新相關收益占整體收益的比率高於平均值百分之十九，創新相關收益則高於平均值百分之九。該研究團隊以這份分析資料為基礎，得出結論：「員工的多元性提升時，創新相關收益占整體收益的比率最高可提升至百分之十二．九。」

弟　子：所以我們可以說，現在正是一個好的時代，對吧？

貓師父：從才能的角度來看，的確沒錯。但是我們也要留意，多元化是有副作用的。

弟　子：難道不都是好事嗎？

貓師父：這是因為，**規則越是模糊的世界，也是「很難明確定義該做什麼才能成功」的世界**。用現代藝術來做比喻，區區一座小便斗可能比美麗的風景畫更具價值——在這樣的世界裡，很難預測做什麼事才能成功。

又例如，過去只能在老家繼承家業的人，如今有了很多不同的選擇，可以從事一些不同的工作，或生活在不同的地方。公司終身雇用制也不再是常態，能夠接受員工發展副業的企業增加了，就連跳槽也變成很尋常的事。**通往成功的道路不再清晰明確，「我該做什麼？」這個問題變得越發困難，因此感到迷惘的人日漸增加。**

弟　子：的確，以前沒有很多選項，因此該做什麼事情非常明確。成功者的形象也都很單一。

貓師父：當規則變得模糊時，被排除在評價標準之外的人就減少了。但同時，由於未來變得不清晰，「不知道自己該做什麼」的煩惱會增加，也更容易陷入「自己是不是還有其他可能性」的疑惑，甚至「必須成為某一類人」的壓力也變大了。

弟　子：這種焦慮確實存在。我也有不少同事下班回家後，開始學習與工作無關的語言及統計學課程，或觀看商業類的知識影片，大家都非常疲累。他們也承受著「必須成為某種人」的壓力吧。

貓師父：如果是因為單純喜歡學習，那倒還沒問題。但常見的情況是，人們由於規則模糊、看不見未來，而感到不安，於是多方嘗試以求獲得暫時的安全感。追根究柢，這些行動背後的動機都只是想要消除不安，抱著這樣的心情做事是不會長久的。

弟　子：確實，有時我只是想找到安心的感覺……。

貓師父：當評價標準不再明確時，煩惱自己有沒有才能的人當然會變多。這就好像把一群人安排在一座沒有球門的足球場，然後對他們說：「大家踢球吧，無論如何都要分出勝負。」

弟　子：這太荒謬了……。

貓師父：總而言之，當社會的規則變得多樣時，有優點也有缺點。

優點：發揮特殊能力的機會變多

缺點：因為選項太多，反而看不清人生方向

弟　子：這樣看來，如果只看缺點，會對現代感到絕望；只看優點，就會覺得現代充滿希望。

貓師父：我們處在一個較難看清人生方向的時代，這是事實。但如果只看到這點，就會錯失好的一面。與其只看缺點、被絕望籠罩，不如在這個規則模糊的世界裡，好好活用這個時代的優點！

弟　子：原來如此。所以師父才會說：「在現在這個時代，每個人都擁有才能。」

貓師父：「每個人都擁有才能」，或許聽起來像是美好的謊言，但我要強調，真理

不一定逆耳。這句話可以說是「科學證實的希望之語」。

弟　子：我終於對自己充滿了希望！

野人家 238

才能地圖：

120歲貓師父帶你發掘隱性潛能，找出自己獨特的發光點，不再迷惘！

天才性が見つかる 才能の地図

作　　者　鈴木祐
譯　　者　余鎧瀚

野人文化股份有限公司
社　　長　張瑩瑩
總 編 輯　蔡麗真
責任編輯　陳瑾璇
專業校對　林昌榮
行銷經理　林麗紅
行銷企畫　李映柔
封面設計　周家瑤
美術設計　洪素貞

出　　版　野人文化股份有限公司
發　　行　遠足文化事業股份有限公司（讀書共和國出版集團）
地址：231 新北市新店區民權路 108-2 號 9 樓
電話：（02）2218-1417　傳真：（02）8667-1065
電子信箱：service@bookrep.com.tw
網址：www.bookrep.com.tw
郵撥帳號：19504465 遠足文化事業股份有限公司
客服專線：0800-221-029
法律顧問　華洋法律事務所　蘇文生律師
印　　製　博客斯彩藝有限公司
初　　版　2025 年 2 月

歡迎團體訂購，另有優惠，請洽業務部（02）22181417 分機 1124

國家圖書館出版品預行編目（CIP）資料

才能地圖：120 歲貓師父帶你發掘隱性潛能，找出自己獨特的發光點，不再迷惘！/ 鈴木祐作 ; 余鎧瀚譯 . -- 初版 . -- 新北市 : 野人文化股份有限公司出版 : 遠足文化事業股份有限公司發行 , 2025.02
面；　公分 . -- (野人家 ; 238)
譯自 : 天才性が見つかる 才能の地図
ISBN 978-626-7555-57-6 (平裝)
ISBN 978-626-7555-53-8 (PDF)
ISBN 978-626-7555-52-1 (EPUB)

1.CST: 自我實現 2.CST: 成功法

177.2　　113020803

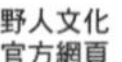

野人文化
官方網頁

野人文化
讀者回函

才能地圖

線上讀者回函專用 QR CODE，你的寶貴意見，將是我們進步的最大動力。

參考文獻

《前言》
人生就是一場「特殊能力戰鬥」

1. Anderson C, Kraus MW, Galinsky AD, Keltner D. The local-ladder effect: social status and subjective well-being. Psychol Sci. 2012 Jul 1;23(7):764-71. doi: 10.1177/0956797611434537. Epub 2012 May 31. PMID: 22653798.
2. Varghese JS, Hall RW, Adair LS, Patel SA, Martorell R, Belleza DE, Kroker-Lobos MF, Lee NR, Nyati LH, Ramirez-Zea M, Richter LM, Stein AD. Subjective social status is associated with happiness but not weight status or psychological distress: An analysis of three prospective birth cohorts from low- and middle-income countries. Wellbeing Space Soc. 2022;3:None. doi: 10.1016/j.wss.2022.100115. PMID: 36518911; PMCID: PMC9732742.
3. Redelmeier, Donald & Singh, Sheldon. (2001). Survival in Academy Award–Winning Actors and Actresses. Annals of internal medicine. 134. 955-962. 10.7326/0003-4819-134-10-200105150-00009.
4. 佐々木 周作, 明坂 弥香, 黒川 博文, 大竹 文雄, 芥川賞・直木賞受賞が余命に与える影響:プログレス・レポート, 行動経済学, 2015, 8 巻, p. 100-105, 公開日 2016/05/07, Online ISSN 2185-3568, https://doi.org/10.11167/jbef.8.100, https://www.jstage.jst.go.jp/article/jbef/8/0/8_100/_article/-char/ja/

《問題篇 1》
為什麼不能從「喜歡」和「擅長」的事情中尋找才能？
～「喜歡與擅長的沙漠」～

1. Yukhymenko-Lescroart, Mariya & Sharma, Gitima. (2022). Passion for Work and Well-Being of Working Adults. （Journal of Career Development）49. 505-518. 10.1177/0894845320946398.
2. Jachimowicz, Jon Michael.(2019). The Dynamic Nature of Passion: Understanding the Pursuit, Experience, and Perception of Passion. https://doi.org/10.7916/d8-df1p-ev15
3. Fred Nour, Loren Rolak, (February 2, 2017). True Love: How to Use Science to Understand Love. Niguel Publishing, Inc.; First Edition.
4. Vallerand RJ, Blanchard C, Mageau GA, Koestner R, Ratelle C, Léonard M, Gagné M, Marsolais J. Les passions de l'âme: on obsessive and harmonious passion. J Pers Soc Psychol. 2003 Oct;85(4):756-67. doi: 10.1037/0022-3514.85.4.756. PMID: 14561128.
5. Jachimowicz, J. M., To, C., Agasi, S., Côté, S., & Galinsky, A. D. (2019). The gravitational pull of expressing passion: When and how expressing passion elicits status conferral and support from others. Organizational Behavior and Human Decision Processes, 153, 41–62. https://doi.org/10.1016/j.obhdp.2019.06.002

6. Knowles ML, Lucas GM, Baumeister RF, Gardner WL. Choking under social pressure: social monitoring among the lonely. Pers Soc Psychol Bull. 2015 Jun;41(6):805-21. doi: 10.1177/0146167215580775. PMID: 25956799.
7. Freidlin, Pavel & Littman-Ovadia, Hadassah & Niemiec, Ryan. (2017). Positive psychopathology: Social anxiety via character strengths underuse and overuse. Personality and Individual Differences. 108. 50-54. 10.1016/j.paid.2016.12.003.
8. Virga, Delia & Rusu, Andrei & Pap, Zselyke & Maricuţoiu, Laurenţiu & Tisu, Luca. (2022). Effectiveness of strengths use interventions in organizations: A pre-registered meta-analysis of controlled trials. Applied Psychology. 10.1111/apps.12451.
9. Tomas Chamorro-Premuzic, Strengths-Based Coaching Can Actually Weaken You, Harvard Business Review, January 4, 2016.
10. Collins, D. B., & Holton, E. F. III. (2004). The Effectiveness of Managerial Leadership Development Programs: A Meta-Analysis of Studies from 1982 to 2001. Human Resource Development Quarterly, 15(2), 217–248. https://doi.org/10.1002/hrdq.1099
11. Avolio BJ, Walumbwa FO, Weber TJ. Leadership: current theories, research, and future directions. Annu Rev Psychol. 2009;60:421-49. doi: 10.1146/annurev.psych.60.110707.163621. PMID: 18651820.
12. Schroeder, Juliana & Fishbach, Ayelet. (2015). How to motivate yourself and others? Intended and unintended consequences. Research in Organizational Behavior. 35. 10.1016/j.riob.2015.09.001.
13. Carter, N. T., Miller, J. D., & Widiger, T. A. (2018). Extreme Personalities at Work and in Life. Current Directions in Psychological Science, 27(6), 429–436. https://doi.org/10.1177/0963721418793134
14. Gollwitzer, Anton & Bargh, John. (2018). Social Psychological Skill and Its Correlates. Social Psychology. 49. 88-102. 10.1027/1864-9335/a000332.
15. Leistedt SJ, Linkowski P. Psychopathy and the cinema: fact or fiction? J Forensic Sci. 2014 Jan;59(1):167-74. doi: 10.1111/1556-4029.12359. Epub 2013 Dec 13. PMID: 24329037.
16. Kevin Dutton (2013). The Wisdom of Psychopaths: What Saints, Spies, and Serial Killers Can Teach Us About Success. Scientific American/Farrar, Straus and Giroux. ISBN-13: 978-0374533984
17. Personality Psychology and Economics. Mathilde Almlund, Angela Lee Duckworth, James Heckman and Tim Kautz. Chapter 1 in Handbook of the Economics of Education, 2011, vol. 4, pp 1-181
18. Denissen, J. J. A., Bleidorn, W., Hennecke, M., Luhmann, M., Orth, U., Specht, J., & Zimmermann, J. (2018). Uncovering the Power of Personality to Shape Income. Psychological Science, 29(1), 3–13. https://doi.org/10.1177/0956797617724435
19. Grossmann I, Na J, Varnum MEW, Kitayama S, Nisbett RE. A route to well-being: intelligence versus wise reasoning. J Exp Psychol Gen. 2013 Aug;142(3):944-53. doi: 10.1037/a0029560. Epub 2012 Aug 6. PMID: 22866683; PMCID: PMC3594053.
20. Thomas L. Friedman. (Feb. 22, 2014). How to Get a Job at Google. https://www.nytimes.com/2014/02/23/opinion/sunday/friedman-how-to-get-a-job-at-

google.html
21. Karpinski, R. I., Kolb, A. M. K., Tetreault, N. A., & Borowski, T. B. (2018). High intelligence: A risk factor for psychological and physiological overexcitabilities. Intelligence, 66, 8–23. https://doi.org/10.1016/j.intell.2017.09.001
22. Albanese E, Matthews KA, Zhang J, Jacobs DR Jr, Whitmer RA, Wadley VG, Yaffe K, Sidney S, Launer LJ. Hostile attitudes and effortful coping in young adulthood predict cognition 25 years later. Neurology. 2016 Mar 29;86(13):1227-34. doi: 10.1212/WNL.0000000000002517. Epub 2016 Mar 2. PMID: 26935891; PMCID: PMC4818565.

《問題篇 2》
「成功不可或缺的能力」並不存在，為什麼？～「人生成功的森林」～

1. Terman, L.M. (1925). Genetic studies of genius. Volume I. Mental and physical traits of a thousand gifted children. Stanford Univ. Press.
2. Zagorsky, Jay. (2007). Do you have to be smart to be rich? The impact of IQ on wealth, income and financial distress. Intelligence. 35. 489-501. 10.1016/j.intell.2007.02.003.
3. Adams, Renée & Keloharju, Matti & Knüpfer, Samuli. (2018). Are CEOs born leaders? Lessons from traits of a million individuals. Journal of Financial Economics. 130. 10.1016/j.jfineco.2018.07.006.
4. von Stumm S, Smith-Woolley E, Ayorech Z, McMillan A, Rimfeld K, Dale PS, Plomin R. Predicting educational achievement from genomic measures and socioeconomic status. Dev Sci. 2020 May;23(3):e12925. doi: 10.1111/desc.12925. Epub 2019 Dec 18. PMID: 31758750; PMCID: PMC7187229.
5. Yamagata, Shinji & Nakamuro, Makiko & Inui, Tomohiko. (2013). Inequality of opportunity in Japan: A behavioral genetic approach. RIETI Discussion Paper Series. 13. 1-18.
6. Judge, Timothy & Bono, Joyce. (2001). Relationship of Core Self-Evaluations Traits—Self-Esteem, Generalized Self-Efficacy, Locus of Control, and Emotional Stability—With Job Satisfaction and Job Performance: A Meta-Analysis. Journal of Applied Psychology. 86. 80-92. 10.1037/0021-9010.86.1.80.
7. Forsyth, D. R., Lawrence, N. K., Burnette, J. L., & Baumeister, R. F. (2007). Attempting to improve the academic performance of struggling college students by bolstering their self-esteem: An intervention that backfired. Journal of Social and Clinical Psychology, 26(4), 447–459. https://doi.org/10.1521/jscp.2007.26.4.447
8. Colvin CR, Block J, Funder DC. Overly positive self-evaluations and personality: negative implications for mental health. J Pers Soc Psychol. 1995 Jun;68(6):1152-62. doi: 10.1037/0022-3514.68.6.1152. PMID: 7608859.
9. Diener, E., Wolsic, B., & Fujita, F. (1995). Physical attractiveness and subjective well-being. Journal of Personality and Social Psychology, 69, 120-129.
10. Kappes, H. B., Oettingen, G., & Mayer, D. (2012). Positive fantasies predict low academic achievement in disadvantaged students. European Journal of Social Psychology, 42(1), 53–64. https://doi.org/10.1002/ejsp.838

11. Oettingen G, Mayer D, Portnow S. Pleasure Now, Pain Later: Positive Fantasies About the Future Predict Symptoms of Depression. Psychol Sci. 2016 Mar;27(3):345-53. doi: 10.1177/0956797615620783. Epub 2016 Jan 29. PMID: 26825106.
12. Norem, J. K. (2008). Defensive pessimism as a positive self-critical tool. In Chang, Edward (Ed). Self-criticism and self-enhancement: Theory, research, and clinical implications (pp. 89-104). Washington DC: American Psychological Association.
13. サラス・サラスバシー，エフェクチュエーション，碩学舎. 2015/9/30, ISBN-13: 978-4502151910
14. Kim ES, Hagan KA, Grodstein F, DeMeo DL, De Vivo I, Kubzansky LD. Optimism and Cause-Specific Mortality: A Prospective Cohort Study. Am J Epidemiol. 2017 Jan 1;185(1):21-29. doi: 10.1093/aje/kww182. Epub 2016 Dec 7. PMID: 27927621; PMCID: PMC5209589.
15. Zisman, Chen & Ganzach, Yoav. (2021). In a Representative Sample Grit Has a Negligible Effect on Educational and Economic Success Compared to Intelligence. Social Psychological and Personality Science. 12. 194855062092053. 10.1177/1948550620920531.
16. Credé M, Tynan MC, Harms PD. Much ado about grit: A meta-analytic synthesis of the grit literature. J Pers Soc Psychol. 2017 Sep;113(3):492-511. doi: 10.1037/pspp0000102. Epub 2016 Jun 16. PMID: 27845531.
17. Hou XL, Becker N, Hu TQ, Koch M, Xi JZ, Mõttus R. Do Grittier People Have Greater Subjective Well-Being? A Meta-Analysis. Pers Soc Psychol Bull. 2022 Dec;48(12):1701-1716. doi: 10.1177/01461672211053453. Epub 2021 Nov 22. PMID: 34802306.
18. Angela L. Duckworth & David Scott Yeager. (2015). Measurement Matters: Assessing Personal Qualities Other Than Cognitive Ability for Educational Purposes. Educational Researcher.
19. EG Helzer, E Jayawickreme. (2015). Control and the "good life": primary and secondary control as distinct indicators of well-being. Social Psychological and Personality Science. 6 (6), 653-660
20. Bennett, Gary & Merritt, Marcellus & Sollers, John & Edwards, Christopher & Whitfield, Keith & Brandon, Dwayne & Tucker-Seeley, Reginald. (2004). Stress, coping, and health outcomes among African-Americans: A review of the John Henryism hypothesis. Psychology & Health. 19. 369-383. 10.1080/0887044042000193505.
21. Ericsson, Karl Anders; Krampe, Ralf Th; Tesch-Römer, Clemens (1993). The Role of Deliberate Practice in the Acquisition of Expert Performance. Psychological Review. 100 (3): 363–406. doi:10.1037/0033-295x.100.3.363
22. Hambrick, D. Z., Altmann, E. M., Oswald, F. L., Meinz, E. J., Gobet, F., & Campitelli, G. (2014). Accounting for expert performance: The devil is in the details. Intelligence, 45, 112–114. https://doi.org/10.1016/j.intell.2014.01.007
23. Macnamara, Brooke & Maitra, Megha. (2019). The role of deliberate practice in expert performance: revisiting Ericsson, Krampe & Tesch-Römer (1993). Royal Society Open Science. 6. 190327. 10.1098/rsos.190327.
24. ウォレン・ベニス .(2008). リーダーになる，海と月社, ISBN-13: 978-

4903212081
25. Grant, A. M. (2013). Rocking the boat but keeping it steady: The role of emotion regulation in employee voice. Academy of Management Journal, 56(6), 1703–1723. https://doi.org/10.5465/amj.2011.0035
26. Joseph, D. L., & Newman, D. A. (2010). Emotional intelligence: An integrative meta-analysis and cascading model. Journal of Applied Psychology, 95(1), 54–78. https://doi.org/10.1037/a0017286
27. Sisk, V. F., Burgoyne, A. P., Sun, J., Butler, J. L., & Macnamara, B. N. (2018). To what extent and under which circumstances are growth mind-sets important to academic achievement? Two meta-analyses. Psychological Science, 29(4), 549–571. https://doi.org/10.1177/0956797617739704
28. Macnamara, B. N., & Burgoyne, A. P. (2022). Do growth mindset interventions impact students' academic achievement? A systematic review and meta-analysis with recommendations for best practices. Psychological Bulletin. Advance online publication. https://doi.org/10.1037/bul0000352
29. Burnette, J. L., Billingsley, J., Banks, G. C., Knouse, L. E., Hoyt, C. L., Pollack, J. M., & Simon, S. (2022). A systematic review and meta-analysis of growth mindset interventions: For whom, how, and why might such interventions work? Psychological Bulletin. Advance online publication. https://doi.org/10.1037/bul0000368

《問題篇 3》
為什麼「出身」無法決定人生？～「照亮未來的燈塔」～

1. 副島 羊吉郎, 学業成績における遺伝の影響, 心理学研究, 1972, 43巻, 2号, p. 68-75, 公開日 2010/07/16, Online ISSN 1884-1082, Print ISSN 0021-5236, https://doi.org/10.4992/jjpsy.43.68, https://www.jstage.jst.go.jp/article/jjpsy1926/43/2/43_2_68/_article/-char/ja/
2. Loehlin, J. C., & Nichols, R. C. (1976). Heredity, environment, and personality. Austin, TX: University of Texas Press.
3. Sullivan PF, Kendler KS, Neale MC. Schizophrenia as a complex trait: evidence from a meta-analysis of twin studies. Arch Gen Psychiatry. 2003 Dec;60(12):1187-92. doi: 10.1001/archpsyc.60.12.1187. PMID: 14662550.
4. Wright CM, Cheetham TD. The strengths and limitations of parental heights as a predictor of attained height. Arch Dis Child. 1999 Sep;81(3):257-60. doi: 10.1136/adc.81.3.257. PMID: 10451401; PMCID: PMC1718044.
5. Bouchard TJ Jr, McGue M. Genetic and environmental influences on human psychological differences. J Neurobiol. 2003 Jan;54(1):4-45. doi: 10.1002/neu.10160. PMID: 12486697.
6. Bouchard, T. (2013). The Wilson Effect: The Increase in Heritability of IQ With Age. Twin Research and Human Genetics, 16(5), 923-930. doi:10.1017/thg.2013.54
7. Whitley E, Gale CR, Deary IJ, Kivimaki M, Batty GD. Association of maternal and paternal IQ with offspring conduct, emotional, and attention problem scores. Transgenerational evidence from the 1958 British Birth Cohort Study. Arch Gen Psychiatry. 2011 Oct;68(10):1032-8. doi: 10.1001/

archgenpsychiatry.2011.111. PMID: 21969461; PMCID: PMC4170778.
8. Turkheimer E, Haley A, Waldron M, D'Onofrio B, Gottesman II. Socioeconomic status modifies heritability of IQ in young children. Psychol Sci. 2003 Nov;14(6):623-8. doi: 10.1046/j.0956-7976.2003.psci_1475.x. PMID: 14629696.
9. Legacy and Athlete Preferences at Harvard. Peter Arcidiacono, Josh Kinsler, and Tyler Ransom. Journal of Labor Economics 2022 40:1, 133-156
10. Day FR, Helgason H, Chasman DI, Rose LM, Loh PR, Scott RA, Helgason A, Kong A, Masson G, Magnusson OT, Gudbjartsson D, Thorsteinsdottir U, Buring JE, Ridker PM, Sulem P, Stefansson K, Ong KK, Perry JRB. Physical and neurobehavioral determinants of reproductive onset and success. Nat Genet. 2016 Jun;48(6):617-623. doi: 10.1038/ng.3551. Epub 2016 Apr 18. PMID: 27089180; PMCID: PMC5238953.
11. https://www.theguardian.com/science/2015/mar/19/do-your-genes-determine-your-entire-life
12. Mehta D, Bruenig D, Pierce J, Sathyanarayanan A, Stringfellow R, Miller O, Mullens AB, Shakespeare-Finch J. Recalibrating the epigenetic clock after exposure to trauma: The role of risk and protective psychosocial factors. J Psychiatr Res. 2022 May;149:374-381. doi: 10.1016/j.jpsychires.2021.11.026. Epub 2021 Nov 19. PMID: 34823878.
13. Weiss A, Bates TC, Luciano M. Happiness is a personal(ity) thing: the genetics of personality and well-being in a representative sample. Psychol Sci. 2008 Mar;19(3):205-10. doi: 10.1111/j.1467-9280.2008.02068.x. PMID: 18315789.
14. Segal, Nancy & Hur, Yoon-Mi. (2022). Personality traits, mental abilities and other individual differences: Monozygotic female twins raised apart in South Korea and the United States. Personality and Individual Differences. 194. 111643. 10.1016/j.paid.2022.111643.
15. Segal, N. L., & Cortez, F. A. (2014). Born in Korea-adopted apart: Behavioral development of monozygotic twins raised in the United States and France. Personality and Individual Differences, 70, 97–104. https://doi.org/10.1016/j.paid.2014.06.029
16. Sir Nicholas Kenyon CBE, (2011) The Faber Pocket Guide to Mozart. ISBN-13: 978-0571273720
17. Roth, P. L., BeVier, C. A., Switzer, F. S. III, & Schippmann, J. S. (1996). Meta-analyzing the relationship between grades and job performance. Journal of Applied Psychology, 81(5), 548–556. https://doi.org/10.1037/0021-9010.81.5.548

《解答篇 1》
決定才能的三個法則～「比較優勢之村落」～

1. Taylor H, Vestergaard MD. Developmental Dyslexia: Disorder or Specialization in Exploration? Front Psychol. 2022 Jun 24;13:889245. doi: 10.3389/fpsyg.2022.889245. PMID: 35814102; PMCID: PMC9263984.
2. Arshad M, Fitzgerald M. Did Michelangelo (1475-1564) have high-functioning autism? J Med Biogr. 2004 May;12(2):115-20. doi: 10.1177/096777200401200212. PMID: 15079170.
3. Davenport, Thomas & Harris, Jeanne & Shapiro, Jeremy. (2010). Competing on talent analytics. Harvard business review. 88. 52-8, 150.
4. A woman in the men's room: when will the art world recognise the real artist behind Duchamp's Fountain? The Guardian, 2019-03-29.
5. Fraiberger SP, Sinatra R, Resch M, Riedl C, Barabási AL. Quantifying reputation and success in art. Science. 2018 Nov 16;362(6416):825-829. doi: 10.1126/science.aau7224. Epub 2018 Nov 8. PMID: 30409804.

《解答篇 2》
決定戰鬥方式～「戰術的草原」～

1. George W. Burns. (2009). Happiness, Healing, Enhancement: Your Casebook Collection For Applying Positive Psychology in Therapy. ASIN ： B00316UN0W
2. Ryan M. Niemiec & Robert E. McGrath (2019). The Power of Character Strengths: Appreciate and Ignite Your Positive Personality. ASIN ： B07PMTHQWV

《解答篇 3》
學習純熟使用特殊能力～「特殊能力戰鬥之競技場」～

1. Seligman ME, Steen TA, Park N, Peterson C. Positive psychology progress: empirical validation of interventions. Am Psychol. 2005 Jul-Aug;60(5):410-21. doi: 10.1037/0003-066X.60.5.410. PMID: 16045394.
2. Lerchenmueller MJ, Sorenson O, Jena AB. Gender differences in how scientists present the importance of their research: observational study. BMJ. 2019 Dec 16;367:l6573. doi: 10.1136/bmj.l6573. PMID: 31843745; PMCID: PMC7190066.
3. Exley, C. L., & Kessler, J. B. (2019). The gender gap in self-promotion (No. w26345). National Bureau of Economic Research.
4. Tomas Chamorro-Premuzic, Why do so many incompetent men become leaders? : (and how to fix it), Harvard Business Review, August 22, 2013.
5. Rouse, M. and Rouse, S. (2001). Business Communications. United States: South-Western.
6. John, Leslie K. Savvy Self-Promotion: The Delicate Art, and Science, of Bragging. Harvard Business Review 99, no. 3 (May–June 2021): 145–148.
7. Pfeffer, J., Fong, C. T., Cialdini, R. B., & Portnoy, R. R. (2006). Overcoming the

Self-Promotion Dilemma: Interpersonal Attraction and Extra Help as a Consequence of Who Sings One's Praises. Personality and Social Psychology Bulletin, 32(10), 1362–1374. https://doi.org/10.1177/0146167206290337
8. Bazerman, M. H., Neale, M. A., Valley, K. L., Zajac, E. J., & Kim, Y. M. (1992). The effect of agents and mediators on negotiation outcomes. Organizational Behavior and Human Decision Processes, 53(1), 55–73. https://doi.org/10.1016/0749-5978(92)90054-B
9. Bohns, V. K. (2016). (Mis)understanding our influence over others: A review of the underestimation-of-compliance effect. Current Directions in Psychological Science, 25(2), 119–123. https://doi.org/10.1177/0963721415628011
10. Kunz, P. R., & Woolcott, M. (1976). Season's greetings: From my status to yours. Social Science Research, 5(3), 269–278. https://doi.org/10.1016/0049-089X(76)90003-X
11. Niemiec, R. M. (2014). Mindfulness and character strengths: A practical guide to flourishing. Hogrefe Publishing.
12. Yeon, Seong & Kim, Young & Park, Se & Lee, Scott & Lee, Seung & Suh, Euy & Houpt, Katherine & Chang, Hong & Lee, Hee & Yang, Byung & Lee, Hyo. (2011). Differences between vocalization evoked by social stimuli in feral cats and house cats. Behavioural processes. 87. 183-9. 10.1016/j.beproc.2011.03.003.
13. Nicastro, N. (2004). Perceptual and Acoustic Evidence for Species-Level Differences in Meow Vocalizations by Domestic Cats (Felis catus) and African Wild Cats (Felis silvestris lybica). Journal of Comparative Psychology, 118(3), 287–296. https://doi.org/10.1037/0735-7036.118.3.287

《結語》
現代（比你想像的）充滿希望

1. Liu, Dong & Baumeister, Roy. (2016). Social Networking Online and Personality of Self-Worth: A Meta-Analysis. Journal of Research in Personality. 64. 10.1016/j.jrp.2016.06.024.
2. Rocio Lorenzo and Martin Reeves, How and Where Diversity Drives Financial Performance, Harvard Business Review, January 30, 2018.